TRES DE PRIMARIA
PRIMER CICLO
6

María de los Ángeles González
María José Sáenz de Urturi

ANAYA

TRES DE PRIMARIA es un proyecto pedagógico creado por Anaya Educación para el primer ciclo de Educación Primaria.

En su realización han intervenido:

Coordinación editorial:
Ángela Valdés

Edición:
Ana Moreno y Nora Basanta

Coordinación de ciclo:
Blanca Pazos

Asesoramiento pedagógico:
Pilar Bens, Uxía Martínez, Julio Oliva, Ignacio Pardo y Màrius Sancho

Ilustraciones:
Espada y Pelorroto

Diseño de cubierta e interiores:
Miguel Ángel Pacheco y Javier Serrano

Tratamiento infográfico del diseño:
Tae Mori, Alejandra Navarro y Natalia Szmulewicz

Maquetación:
Nieves Merino

Corrección:
Mercedes Tabuyo

Fotografías:
Archivo Anaya; Chamero, J./Anaya; Cosano, P./Anaya; Leiva, Á. de/Anaya; Martínez, C./Anaya; Ramón Ortega, P.-Fototeca España/Anaya; Rodríguez, J.L./Anaya; Ruiz, J.B./Anaya; 6x6 Producción Fotográfica/Anaya; Steel, M./Anaya; Torres, O./Anaya

Edición gráfica:
Jesús Ortiz

Departamento gráfico:
Paz Franch, Miguel Díaz-Rullo y Juan Carlos Quignon

Las normas ortográficas seguidas en este libro son las establecidas por la Real Academia Española en su última edición de la *Ortografía,* del año 1999.

Índice

Contenidos

	Lengua				
	Lectoescritura	**Expresión oral y escrita**	**Vocabulario**	**Ortografía**	**Gramática**
1 Los anfibios	• Cuento. • Poesía. • Adivinanza.	• El diálogo.	• El abecedario.	• La letra mayúscula.	• Formación de frases.
2 Los insectos	• Cuento. • Poesía. • Adivinanza.	• El cuento.	• Sinónimos y antónimos.	• *R-, -r-* y *-rr-*.	• El verbo.
3 Los alimentos	• Cuento. • Poesía. • Adivinanzas.	• Resumen de un cuento.	• Palabras de la misma familia.	• Signos de interrogación y de admiración.	• El verbo: presente, pasado y futuro.
4 Usos de las plantas	• Cuento. • Poesía. • Adivinanza.	• Escritura de un tebeo.	• Campo semántico.	• R detrás de *l, n* y *s*.	• La oración.

Matemáticas				Conocimiento del Medio
Números y operaciones	**Formas geométricas y orientación en el espacio**	**Medida**	**Tratamiento de la información**	
• Repaso de números. • Sumas y restas. • Tabla de multiplicar del 6. • Problemas. • Cálculo mental: sumar cien a números de dos cifras.		• Billetes de 5, 10, 20 y 50 euros.		• Los anfibios: características. • Desarrollo de la rana.
• Repaso de números. • Sumas y restas. • Problemas. • Tabla de multiplicar del 7. • Cálculo mental: sumar cien a números de tres cifras.	• Polígonos: cuadriláteros, triángulos y pentágonos.			• Los insectos: características. • Utilidad de los insectos.
• Repaso de números. • Sumas y restas. • Tabla de multiplicar del 8. • Problemas. • Cálculo mental: restar cien a números de tres cifras.	• Polígonos: cuadriláteros, triángulos y pentágonos.			• Alimentos de origen vegetal. • Elaboración del pan. • Alimentos de origen animal. • Alimentos de origen mineral.
• Repaso de números. • Sumas y restas. • Tabla de multiplicar del 9 y del 10. • Cálculo mental: sumar centenas completas a números de dos cifras.		• El reloj: las horas en punto, y cuarto, y media y menos cuarto.		• Necesidad de las plantas. • Usos de las plantas. • Plantas medicinales. • Plantas aromáticas.

Lengua

	Lectoescritura	Expresión oral y escrita	Vocabulario	Ortografía	Gramática
5 **El paisaje**	• Cuento. • Poesía. • Adivinanza.	• Escritura de un cuento.	• Palabras compuestas.	• Palabras terminadas en *-illo* e *-illa.*	• Sujeto y predicado.
6 **El campo y el mar**	• Cuento. • Poesía.	• Escritura de un cuento.	• Palabras terminadas en *-or, -ora, -ero* y *-era.*	• Palabras terminadas en *-z.*	• Oraciones interrogativas y exclamativas.
7 **Nuestra historia**	• Romance. • Poesía.	• Escritura de un cuento.	• Palabras polisémicas.	• *M* delante de *p* y de *b.*	• Sujeto y predicado.

Matemáticas				Conocimiento del Medio
Números y operaciones	**Formas geométricas y orientación en el espacio**	**Medida**	**Tratamiento de la información**	
• Repaso de números. • Sumas y restas. • Problemas. • Términos de la multiplicación. • Multiplicación en vertical. • Cálculo mental: sumar centenas completas a centenas completas.	• Cuerpos geométricos: prismas, cilindros, esferas y conos.			• Paisaje de montaña. • Paisaje de costa.
• Repaso de números. • Sumas y restas. • Problemas. • Multiplicación de números de dos cifras. • Cálculo mental: sumar centenas completas a números de tres cifras.	• Circunferencia y círculo.			• Ganadería. • Agricultura. • Pesca.
• Repaso de números. • Sumas y restas. • Problemas. • Iniciación a la división. • Cálculo mental: repaso de los anteriores.			• Tablas de doble entrada.	• El paso del tiempo: antes y ahora. • Los romanos y los árabes.

1 Los anfibios

Ponte en marcha

Colorea así: consonantes → (rojo) y vocales → (azul)

RANITA

¿Qué vocales no aparecen? ______

Completa.

5 + 5 + 5 = 5 × ☐ = ☐

4 + 4 + 4 + 4 + 4 = ☐ × ☐ = ☐

2 + 2 + 2 + 2 + 2 + 2 + 2 = ☐ × ☐ = ☐

6 + 6 + 6 + 6 = ☐ × ☐ = ☐

Colorea de verde las partes señaladas con un punto, y el resto, de amarillo, y completa.

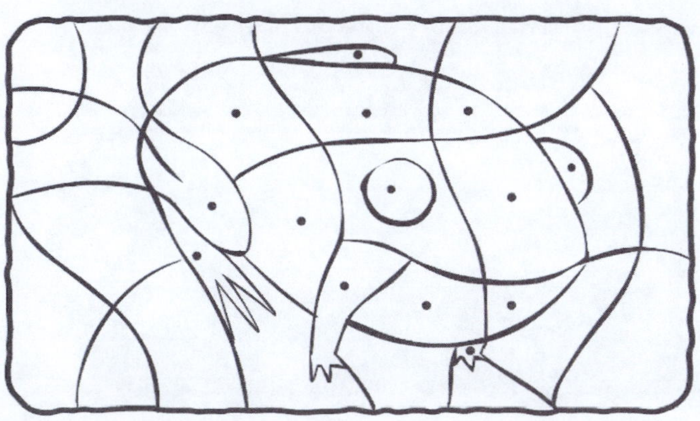

Es una ______.

¿Por qué croan las ranas?

Todos los años cuando empieza la primavera, el anciano y sabio Búho cuenta a los animales del bosque alguna hermosa leyenda.

Cada año, la leyenda habla de algún animal del bosque. Este año les ha tocado el turno a las ranas.

—¿Sabéis por qué croan las ranas? —pregunta don Búho.

Hace muchísimos años, tantos que ni yo soy capaz de contarlos, existió una pequeña y verde ranita llamada Saltarina. La ranita vivía en una charca en el centro del bosque, y desde hacía tiempo estaba muy enamorada de la Luna. Pero la Luna, lejana y fría en lo alto del cielo, no le hacía caso.

La ranita sufría con este amor imposible.

Cada vez que la Luna salía por la noche e iluminaba el bosque, Saltarina croaba con todas sus fuerzas intentando llamar su atención. Sin embargo, la Luna ni pestañeaba. Seguía brillando silenciosamente en el oscuro cielo.

Sus vecinas, las demás ranitas, sentían tanta lástima de Saltarina que croaban y croaban con ella.

Una noche de primavera, la redonda Luna empezó a subir la cuesta del cielo. Brillaba con todo su esplendor. El bosque se veía tan iluminado que parecía de día.

Saltarina la miraba y croaba llamándola, pero no recibía ninguna respuesta. Volvía a croar, pero solo el silencio le respondía. Por fin, la ranita bajó la cabeza con tristeza y miró la charca.

¡Oh, sorpresa! En el centro del agua se bañaba sonriente la hermosa Luna. Se mecía con el movimiento de las aguas, y parecía invitar a la ranita a bañarse con ella.

Saltarina, alegre, llamó a sus amigas.

Juntas se zambulleron en la charca formando un corro alrededor de la Luna.

Aquella fue la fiesta más maravillosa que Saltarina había vivido.

Por eso, desde entonces —concluyó don Búho—, cada vez que aparece la Luna en el cielo, todas las ranitas del mundo croan y croan pidiendo que baje a jugar con ellas.

Contesta.

¿Qué cuenta don Búho todas las primaveras?

¿Quién es Saltarina?

¿Dónde vivía?

¿Qué le ocurría?

Relaciona las palabras con los personajes del cuento.

lejana y fría

anciano y sabio

verde y saltarina

croaba y croaba

no pestañeaba

cuenta leyendas

Piensa y escribe.

¿Cómo pudo la Luna bañarse en la charca?

Recuerda y completa el abecedario.

a	_	_	d			
_	_	g	_			
i	_	_	_	m	_	ñ
_	_	q	_	_	_	
u	_	w	_	_	z	

Las letras a, e, i, o, u se llaman

____________. Las demás letras se llaman

____________________.

Escribe palabras que empiecen por:

a	m	t

Escribe palabras que tengan solamente la vocal.

a → masa, ____________________

o → topo, ____________________

Rodea y escribe el número mayor y el número menor.

385	841	428	952	150

243	625	787	530	409

Escribe los números que faltan.

159 → ☐ → 161

299 → ☐ → 301

813 → 814 → ☐

☐ → 100 → ☐

600 → ☐ → 602

479 → ☐ → 481

☐ → 900 → ☐

☐ → 209 → ☐

Escribe los números formados por:

6 C y 9 D → ☐

9 C y 5 U → ☐

23 D y 4 U → ☐

1 C, 3 D y 7 U → ☐

2 C y 8 D → ☐

50 D → ☐

Escribe números que valgan:

tres unidades más

241 → ☐ 378 → ☐ 400 → ☐

tres decenas más

154 → ☐ 507 → ☐ 287 → ☐

tres centenas más

570 → ☐ 491 → ☐ 605 → ☐

Escribe.

el doble de:

3 → ☐ 4 → ☐ 5 → ☐

el triple de:

5 → ☐ 4 → ☐ 2 → ☐

Cuenta hacia atrás de 3 en 3.

169	166						
		139					
	118						100

Aprende.

rana

sapo

salamandra

tritón

Todos estos animales son anfibios.

Los anfibios tienen huesos. Son animales vertebrados.

Nacen de huevos.

Tienen la piel húmeda.

Adivina y colorea.

No soy ningún pez,
pero del agua no salgo.
Salto y salto sin parar,
y me divierto croando.

Soy ______________.

Elige y completa.

La salamandra es un (reptil / anfibio) ______________.

(No tiene / Tiene) ______________ huesos.

(Nace de huevos / Nace del vientre) ______________.

Su piel tiene que estar (húmeda / seca) ______________.

Observa y contesta.

besugo

sapo

¿En qué se diferencian? ______________

____

¿En qué se parecen? ______________

____

Recuerda.

Saltarina se baña en la charca.
Croa mirando a la Luna.

Se escribe con letra mayúscula:

- Al empezar a escribir.
- Después de punto.
- Los nombres y los apellidos de las personas, los nombres de países, ciudades…

Subraya las letras mal escritas y copia bien el texto.

don búho contó que la rana saltarina está triste. sus amigas croan con ella. la luna baja a la charca.

Escribe frases con estas palabras:

Luna - miraba

Guillermo - cuida

Araceli - repartió

ranitas - viajaron

Cambia la letra en color y escribe otras palabras.

rana →

fuego →

palo →

sordo →

maceta →

sapo →

rosca →

brillo →

bota →

pulpa →

Calcula.

		3	2	8			5	3	4			4	0	6				5	8
		2	8	7				9	7			4	3	5			1	6	3
	+	1	2	9		+	2	7	6		+		7	2		+	5	7	1
		9	3	6			8	0	7			7	1	4			6	7	3
	−	4	5	4		−	2	3	9		−	3	2	6		−	2	8	5

Escribe el signo + o −.

	3	5		7	4		8	0		6	8
○	2	9	○	4	1	○	1	9	○	2	3
	6	4		3	3		9	9		4	5

Completa.

156 → + 6 → ○ → − 10 → ○ → + 8 → ○ → − 5 → ○ → + 15 → ○

↓ − 3

160 ← − 19 ← ○ ← + 9 ← ○ ← − 20 ← ○ ← + 16 ← ○ ← + 7 ← ○

Problemas.

Juanjo vio 4 ranas en el río. Su prima Marga vio el doble.

¿Cuántas ranas vio Marga?

☐ ◯ ☐ = ☐

Marga vio ☐ ranas.

¿Cuántas ranas vieron entre los dos?

☐ ◯ ☐ = ☐

Vieron ☐ ranas.

En la charca había 30 ranas y sapos. Si 21 eran ranas, ¿cuántos sapos había?

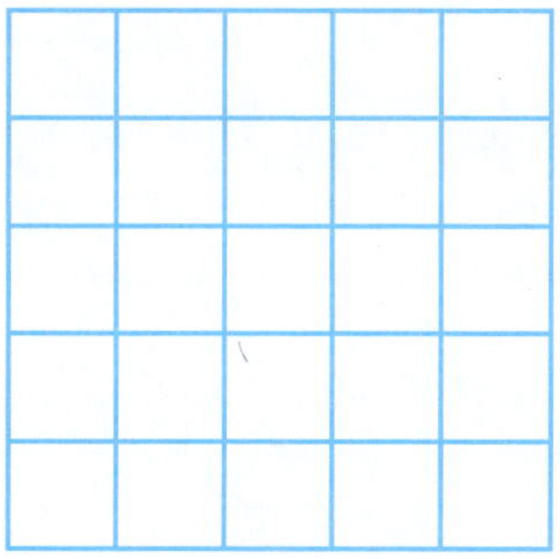

Había ☐ sapos.

Refuerza y recuerda

Subraya las frases correctas.

La rana nace del vientre de su madre.

Los sapos nacen de huevos.

La salamandra tiene escamas.

El tritón tiene la piel húmeda y lisa.

Todos los animales anteriores son anfibios.

Cuenta las consonantes y las vocales de estas palabras:

charca → ☐ consonantes y ☐ vocales.

bosque → ☐ ______________ y ☐ ______________ .

tritón → ☐ ______________ y ☐ ______________ .

primavera → ☐ ______________ y ☐ ______________ .

Dictado.

Ordena de mayor a menor.

158 - 507 - 406 - 539 - 170 - 842 - 459 - 95

☐ ☐ ☐ ☐ ☐ ☐ ☐ ☐

Escribe cuántas unidades vale la cifra 6 en estos números:

136: ☐ unidades 654: ☐ unidades 765: ☐ unidades

Une cada operación con su resultado.

27 + 30	47
45 − 15	57
39 + 8	30

60 − 25	60
49 + 17	35
75 − 15	66

Observa y contesta.

¿Cuántas ranas verdes hay más que amarillas?

☐ ○ ☐ = ☐

Hay ☐ ranas verdes más que amarillas.

Aprende.

La	búhos	es saltarina.
Los	rana	son simpáticos.

La rana es saltarina.
Los búhos son simpáticos.

Une y escribe las frases.

Algunas	sapo	son divertidas.
Muchos	mariposa	son graciosos.
Ese	cuentos	es amarilla.
Aquella	adivinanzas	es feo.

Recita y escribe.

El sapito Glo Glo Glo

Nadie sabe dónde vive.
Nadie en la casa lo vio.
Pero todos escuchamos
al sapito: glo… glo… glo…

¿Vivirá en la chimenea?
¿Dónde diablos se escondió?
¿Dónde canta, cuando llueve,
el sapito Glo, Glo, Glo?

¿Vive acaso en la azotea?
¿Se ha metido en un rincón?
¿Está debajo de la cama?
¿Vive oculto en una flor?

Nadie sabe dónde vive.
Nadie en la casa lo vio.
Pero todos escuchamos
cuando llueve: glo… glo… glo…

José Sebastián Tallón

Escribe los lugares en los que se esconde el sapo.

Imagina por qué canta el sapo cuando llueve.

Aprende.

Tabla del 6

$6 \times 0 = 0$
$6 \times 1 = 6$
$6 \times 2 = 12$
$6 \times 3 = 18$
$6 \times 4 = 24$
$6 \times 5 = 30$
$6 \times 6 = 36$
$6 \times 7 = 42$
$6 \times 8 = 48$
$6 \times 9 = 54$
$6 \times 10 = 60$

Relaciona.

6 + 6 + 6 + 6	6 × 3	42
6 + 6 + 6 + 6 + 6	6 × 2	18
6 + 6 + 6	6 × 7	36
6 + 6	6 × 4	12
6 + 6 + 6 + 6 + 6 + 6	6 × 5	24
6 + 6 + 6 + 6 + 6 + 6 + 6	6 × 6	30

Completa.

6 × ☐ = 18	4 × ☐ = 28	2 × ☐ = 16
6 × ☐ = 30	4 × ☐ = 20	3 × ☐ = 12
6 × ☐ = 54	4 × ☐ = 36	5 × ☐ = 30
5 × ☐ = 35	6 × ☐ = 42	4 × ☐ = 12
5 × ☐ = 40	6 × ☐ = 12	1 × ☐ = 10
5 × ☐ = 15	6 × ☐ = 48	6 × ☐ = 60

Problema.

En mi terraza tengo 5 tiestos.
En cada tiesto han salido 6 margaritas.
¿Cuántas margaritas tengo?

Escríbelo en forma de suma.

☐ ○ ☐ ○ ☐ ○ ☐ ○ ☐ = ☐

Tengo ☐ margaritas.

Escríbelo en forma de multiplicación.

☐ ○ ☐ = ☐

Tengo ☐ margaritas.

Ordena las letras y escribe los nombres de los anfibios.

S O P A

T I R N Ó T

S A L D N M A R A A

Colorea de rojo los anfibios, y el resto, como quieras.

Lee.

Historia de una rana

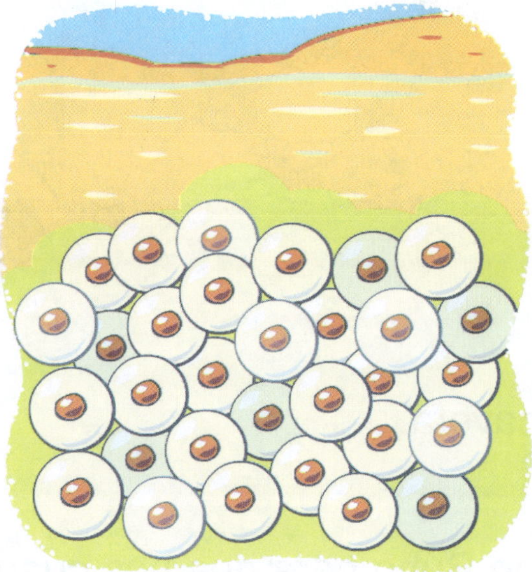

La madre rana pone los huevos en el agua.

De los huevos sale el renacuajo. Vive en el agua.

El renacuajo crece un poco, y le salen patas.

Todavía vive en el agua.

Luego pierde la cola y se transforma en rana.

Ya puede vivir fuera del agua.

Lee y completa.

—Ya ha llegado la primavera.

—Vamos a buscar a don Búho para que nos cuente un cuento.

—¿Te gustó el cuento del año pasado?

—Sí, me gustó mucho. ¿Qué leyenda nos contará este año?

—Allí está don Búho. Vamos corriendo.

—Don Búho, ¿cómo se llama el cuento de esta noche?

Se llama ____________________

Inventa una conversación entre Saltarina y la Luna.

–Luna, Lunita baja a la charca a jugar con nosotras.

Dibuja a la Luna y a las ranas bañándose.

Aprende.

Dibuja para que haya:

Solo monedas.

Monedas y billetes.

Solo billetes.

Contesta.

Tienes en la hucha:

¿Cuánto dinero tienes ahorrado? ☐ €.

Dibuja dos juguetes de los siguientes que puedas comprar con 5 €.

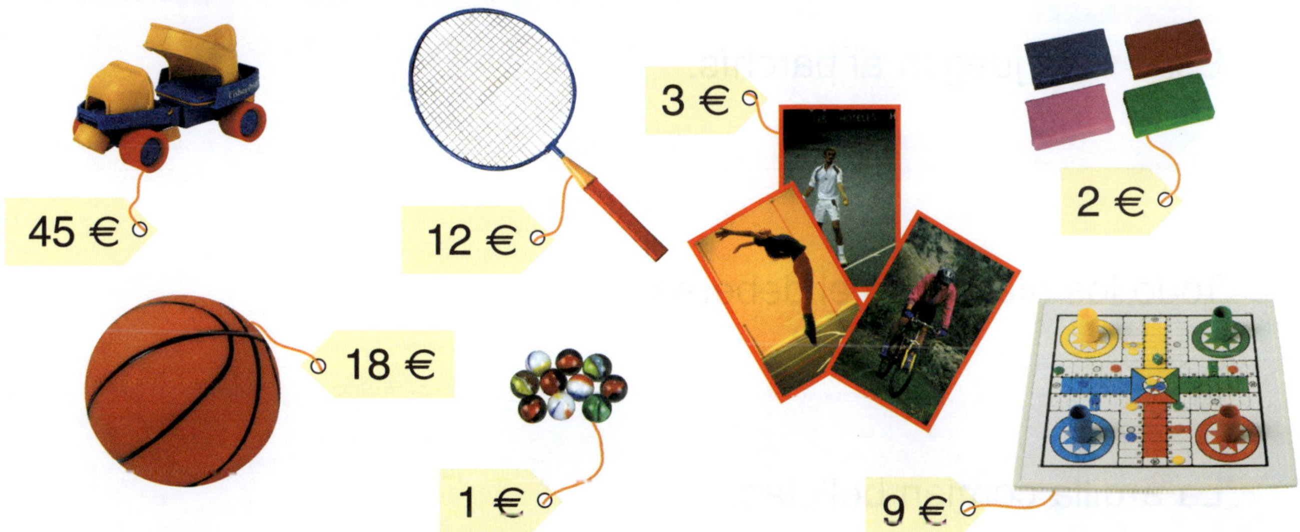

¿Te sobra algo? ______ ¿Cuánto? ☐ ______________________

Refuerza y recuerda

Ordena y escribe.

Escribe las frases correctamente.

Esas niña juegan al parchís.

Todo los días hago el deberes.

La ardilla comían bellotas.

Dictado.

Completa.

×	3	9	8	6
6				

×	4	2	7	5
5				

Completa.

2 —(+ 2)→ ☐ —(× 6)→ ☐ —(− 8)→ ☐ —(+ 4)→ 20

3 —(× 8)→ ☐ —(+ 7)→ ☐ —(− 10)→ ☐ —(+ 9)→ 30

Piensa y contesta.

Tienes . ¿Puedes comprar 

?

____

Tienes . ¿Puedes comprar 

?

____

Calcula mentalmente.

69 + 100 = 169

43 + 100 = ☐ 81 + 100 = ☐

75 + 100 = ☐ 39 + 100 = ☐

2 Los insectos

Ponte en marcha

Escribe lo que hacen.

Colorea las figuras que sean polígonos.

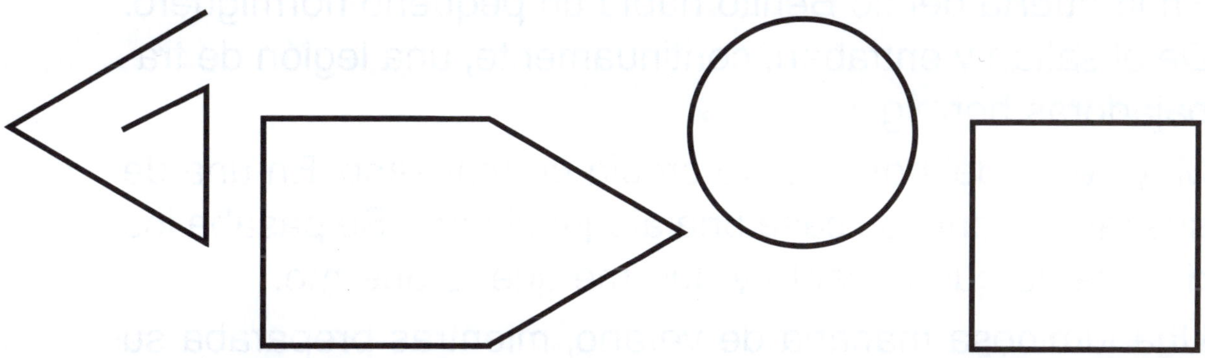

Colorea el animal que no tiene huesos.

rana

pájaro

mariposa

La cigarra y la hormiga

En la huerta del tío Benito había un pequeño hormiguero. De él salían y entraban, continuamente, una legión de trabajadoras hormigas.

Muy cerca del hormiguero crecía un manzano. En una de sus ramas tenía su casa una alegre cigarra. Se pasaba los días canta que te canta y duerme que te duerme.

Una luminosa mañana de verano, mientras preparaba su repertorio musical, observó a Hormiguita, que trabajaba afanosamente.

—Hormiguita, estás sudando la gota gorda. Ven conmigo un rato y cantemos hermosas canciones —propuso la cigarra.

—Ya quisiera yo poder cantar contigo —contestó la hormiga— pero tengo que guardar comida para el frío invierno.

—¡Si el invierno aún está muy lejos! —insistió la cigarra—. No pienses en eso ahora. Vamos a disfrutar de este momento.

Pero Hormiguita no hizo caso. Sonrió a Cigarrita y continuó trabajando.

Pasó el tiempo y empezaron a caer las hojas de los árboles. Era el otoño, que avisaba de lo próximos que estaban los fríos del invierno. Y Cigarrita seguía cantando sin dar importancia a los avisos de la naturaleza.

Finalmente, llegó la nieve, y los campos se cubrieron con su blanco manto. Los animales se refugiaron en sus casas. Los árboles se quedaron sin hojas, y la naturaleza se adormeció. Solo quedaba Cigarrita en la rama desnuda del manzano. Tiritaba de frío. No tenía casa, ni comida, ni abrigo. Solo canciones.

Entonces, vio humo que salía del hormiguero de sus amigas y pensó en lo calentitas que estarían allí. Como pudo, se acercó y llamó a la puerta. Entre todas la llevaron dentro, junto al fuego. Con la ayuda y el cariño de sus amigas poco a poco se repuso.

Pasó el invierno con ellas: cantar y bailar, bailar y cantar. Las hormigas pasaron el invierno más feliz de su vida. Y todas comprendieron lo importante que es alternar el trabajo con la diversión.

Señala las frases verdaderas y escríbelas en orden.

☐ Las hormigas eran muy trabajadoras.

☐ Las hormigas trabajaban solo un rato.

☐ La cigarra guardaba comida para el invierno.

☐ La cigarra se pasaba el día cantando y durmiendo.

☐ La cigarra se marchó a la playa durante el invierno.

☐ La cigarra no tenía refugio para el invierno.

☐ Las hormigas se burlaron de la cigarra.

☐ Las hormigas ayudaron a la cigarra.

Recuerda.

La cigarra es holgazana. ⟷ La hormiga es trabajadora.

La cigarra es perezosa. ⟷ La hormiga es laboriosa.

Elige y escribe las palabras que significan lo mismo.

veloz - minúsculo - bondadosa - fuerte

Un mosquito diminuto: Un mosquito ____________________

Un saltamontes rápido: ____________________

Un escarabajo robusto: ____________________

Una mariquita generosa: ____________________

Cambia la palabra en color por una que signifique lo contrario.

Las mariposas son muy alegres.

Las ____________________

Las hormigas llenan el hormiguero.

____

Colorea los números que tengan más de 47 decenas.

484	273	49	384	875
136	576	491	656	209
96	950	714	469	457

Escribe números de tres cifras.

Cambia solo la cifra de las centenas.

Entre el 103 y el 903

Cambia solo la cifra de las decenas.

Entre el 518 y el 598

Escribe cómo se leen estos números:

608: ____________________

893: ____________________

790: ____________________

500: ____________________

Escribe el signo < o >.

506 ○ 650 ○ 408 ○ 285 ○ 910

371 ○ 713 ○ 199 ○ 901 ○ 190

Escribe cuánto falta.

A 7 U para valer 1 D → Faltan ☐ unidades.

A 4 D para valer 9 D → Faltan ☐ unidades.

A 7 C para valer 9 C → Faltan ☐ unidades.

Colorea así: números pares →

números impares →

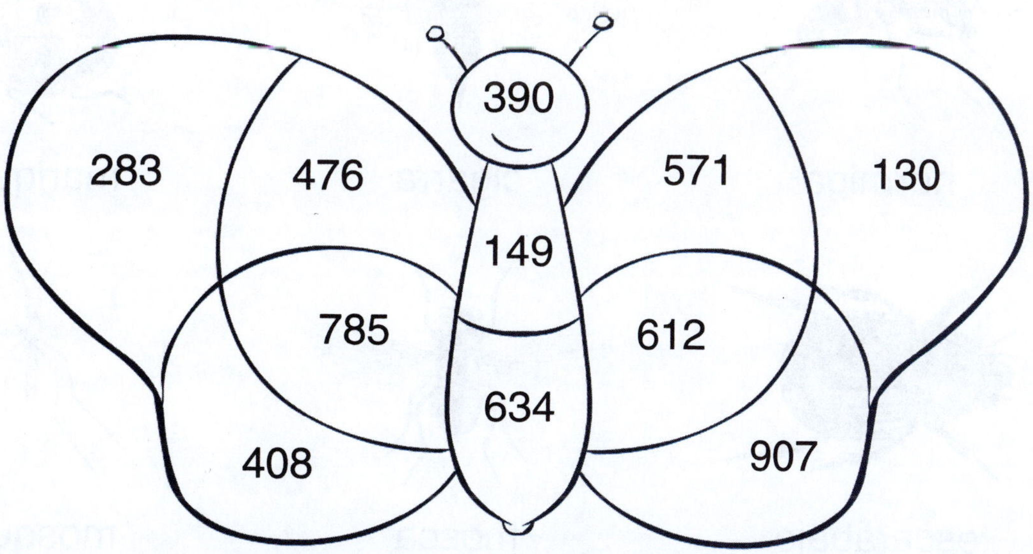

Aprende.

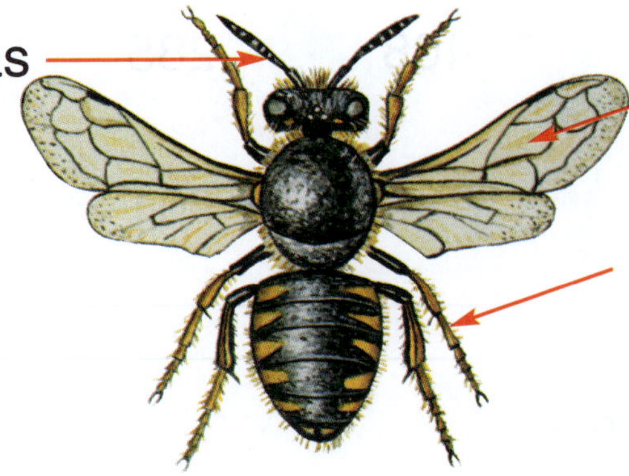

La abeja es un insecto.

Los insectos no tienen huesos. Son animales invertebrados.

Los insectos nacen de huevos.

Tienen dos antenas y seis patas.

Algunos insectos tienen dos alas, como la mosca, y otros, cuatro alas, como la mariposa.

Estos animales son insectos:

hormiga

cigarra

mariquita

escarabajo

mosca

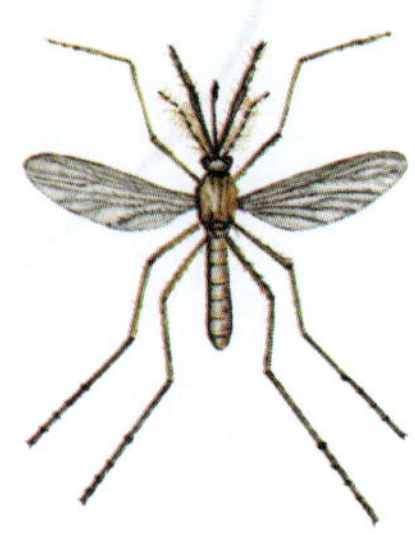

mosquito

Completa.

La hormiga es un ______________.

Los insectos no tienen huesos, son animales

________________________.

Los insectos tienen _______ antenas y _______ patas.

Muchos insectos tienen dos __________ para volar.

Todos los insectos nacen de ____________.

Clasifica estos animales:

lagartija

ratón

mariposa

gorrión

saltamontes

escarabajo

Vertebrados	Invertebrados
______________________	______________________
______________________	______________________
______________________	______________________

Recuerda.

ratón

zorro

mariquita

Al principio de palabra se escribe una r y suena fuerte.

Cuando va entre vocales, se escribe:

– una r si suena suave;

– dos rr si suena fuerte.

Escribe palabras con:

r- al principio	-rr-	-r- suave
ruido	tierra	dorado

Escribe frases que empiecen así:

Muchos saltamontes ______________________________

____

Algunas mariposas ______________________________

____

Varios escarabajos ______________________________

____

Ninguna mosca ______________________________

____

Cambia la letra en color por **r** o **rr**.

casa →	*cara*	tose →	________
lana →	________	botar →	________
pelo →	________	pesa →	________
toco →	________	chuto →	________
lata →	________	lomo →	________
avena →	________	chaqueta →	________
caseta →	________	peina →	________

Completa.

□	← −5	247	+5 →	□
□	← −5	634	+5 →	□
□	← −4	500	+4 →	□
□	← −4	731	+4 →	□

Resta y comprueba.

```
  3 5 6
− 1 9 7 →   □
―――――――
   □    → ○ □
          ―――
            □
```

```
  8 0 7
− 4 5 9 →   □
―――――――
   □    → ○ □
          ―――
            □
```

```
  5 0 6
− 3 2 7 →   □
―――――――
   □    → ○ □
          ―――
            □
```

```
  6 3 4
−   9 8 →   □
―――――――
   □    → ○ □
          ―――
            □
```

Escribe con signos matemáticos y realiza.

Trescientos seis más cincuenta: □ ○ □ = □

Doscientos veinticinco menos trece: □ ○ □ = □

Problemas.

En un hormiguero hay 253 hormigas. Si 136 han salido a recoger trigo, ¿cuántas han quedado dentro?

Han quedado ☐ hormigas.

Cada día, la abeja Petra reparte el polen en las celdas de la colmena. Ha llenado 28 celdas y todavía le faltan 32 celdas por llenar. ¿Cuántas celdas llena la abeja al cabo del día?

Cada día llena ☐ celdas.

Refuerza y recuerda

Contesta.

¿En qué se parecen un ave y un insecto? ______________________

____

¿En qué se diferencian? ______________________________

____

Completa.

A principio de palabra se escribe ________ erre:
__ama, __eloj.

Cuando va entre vocales y suena suave, se
escribe ________ erre: ca__amelo, ce__eza.

Cuando va entre vocales y suena fuerte, se
escriben ________ erres: to____e, ma____ón.

Dictado.

Dictado de números.

Escribe el signo + o –.

9 ◯ 8 = 17	28 ◯ 14 = 14	35 ◯ 15 = 50
12 ◯ 4 = 8	46 ◯ 20 = 66	73 ◯ 20 = 53
15 ◯ 10 = 25	90 ◯ 45 = 45	67 ◯ 30 = 97

Descompón en suma de unidades.

763 = ☐ + ☐ + ☐	620 = ☐ + ☐ + ☐
815 = ☐ + ☐ + ☐	437 = ☐ + ☐ + ☐
609 = ☐ + ☐ + ☐	916 = ☐ + ☐ + ☐

Sigue los puntos desde el 536 hasta el 563.

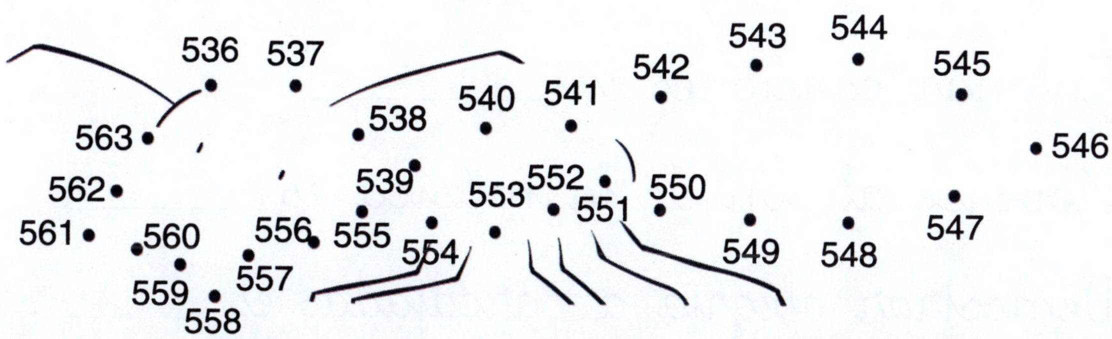

Recuerda.

¿Qué hace la hormiga?

trabajar

comer

dormir

Relaciona cada acción con su personaje.

trabajar		cantar
dormir	cigarra	acarrear
reír	hormiga	bailar
ayudar		guardar

Completa.

Andar a gran velocidad es ____________.

Entonar canciones es ____________.

Moverse al son de la música es ____________.

Demostrar alegría a carcajadas es ____________.

Recita, y escribe el nombre de los insectos que salen en la poesía.

El huerto

Junto a la fuente,
el manzano
se ha vestido
de amarillo.
Los insectos
con sus alas
le sacan brillo.
La mariquita,
muy hacendosa,
entre la fruta
perdió un lunar.
Busca que busca,
la mariquita,
pero quién sabe
dónde estará.
....
Los saltamontes
y los mosquitos
con las hormigas
y escarabajos
cantan y bailan,
mueven sus alas,
juegan al corro
junto al manzano.

Sagrario Pinto

Aprende.

Tabla del 7

$7 \times 0 = 0$

$7 \times 1 = 7$

$7 \times 2 = 14$

$7 \times 3 = 21$

$7 \times 4 = 28$

$7 \times 5 = 35$

$7 \times 6 = 42$

$7 \times 7 = 49$

$7 \times 8 = 56$

$7 \times 9 = 63$

$7 \times 10 = 70$

Completa.

$7 \times 3 =$ ☐	$7 \times 2 =$ ☐	$7 \times 5 =$ ☐
$6 \times 5 =$ ☐	$7 \times 4 =$ ☐	$7 \times 7 =$ ☐
$7 \times 6 =$ ☐	$6 \times 3 =$ ☐	$6 \times 8 =$ ☐
$7 \times 9 =$ ☐	$5 \times 9 =$ ☐	$4 \times 9 =$ ☐
$5 \times 8 =$ ☐	$7 \times 8 =$ ☐	$7 \times 10 =$ ☐

Rodea y escribe la solución correcta.

14 - 21 - 18	25 - 52 - 35	19 - 21 - 31
7 × 2 = ☐	7 × 5 = ☐	7 × 3 = ☐
46 - 36 - 56	28 - 38 - 18	53 - 63 - 43
7 × 8 = ☐	7 × 4 = ☐	7 × 9 = ☐

Problema.

En un huerto viven estos insectos:

8 grupos de 7 abejas que recogen polen.

5 grupos de 7 hormigas que recogen hojas.

7 grupos de 4 mariquitas que comen pulgones.

¿Cuántas abejas hay?	¿Y hormigas?	¿Y mariquitas?
☐ ○ ☐ = ☐	☐ ○ ☐ = ☐	☐ ○ ☐ = ☐

¿Cuántos insectos hay en total?

Hay ☐ insectos en total.

Aprende.

Los insectos viven en la Tierra desde hace millones de años. Se adaptan de forma sorprendente a todos los medios: tierra, agua o aire. Su pequeño tamaño les permite vivir en cualquier sitio, y necesitan muy poco alimento para sobrevivir.

Algunos insectos son útiles para los demás seres vivos.

La abeja fabrica miel.

La larva de la mariposa de la seda fabrica seda.

La mariquita se alimenta de pulgones, que perjudican a las plantas.

Resuelve el crucigrama.

1. Insecto que fabrica miel.
2. Insecto que se desplaza saltando por el monte.
3. Zumba y pica en las noches de verano.
4. Insecto de color rojo con puntos negros.
5. Tienen fama de ser muy «pesadas».
6. Tiene cuatro alas de muchos colores.

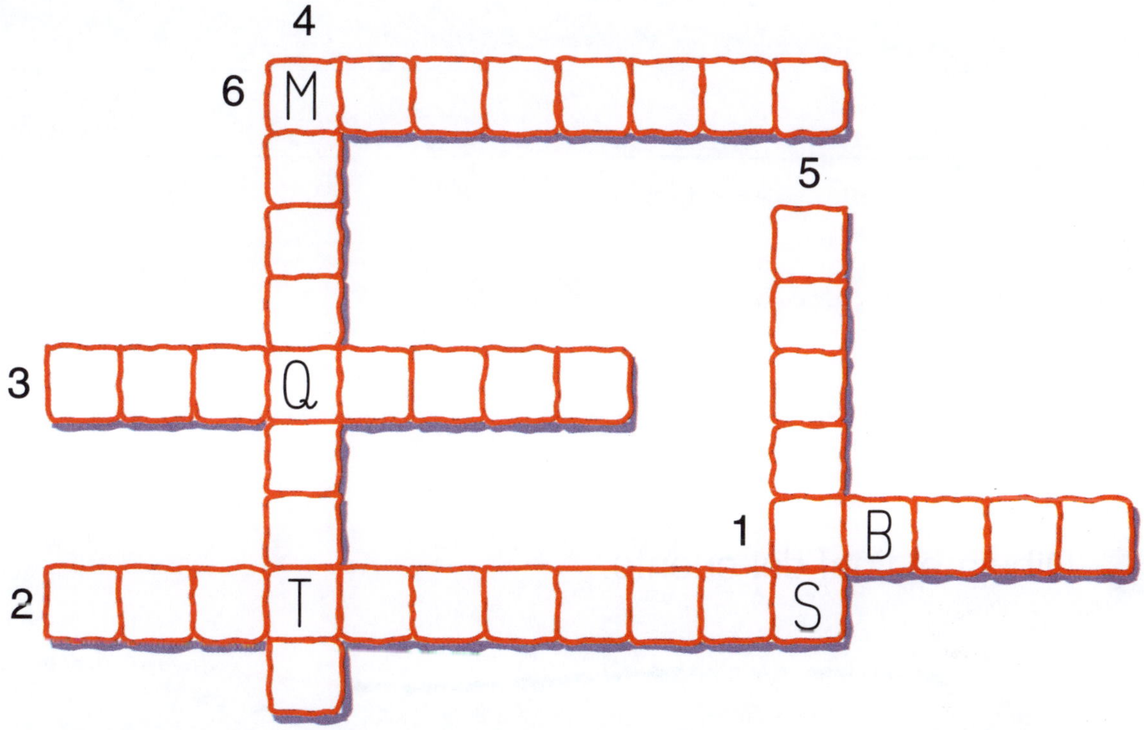

Adivina y dibuja.

Todas juntas en el convento
visitan las flores
y hacen un dulce alimento.

Son las __________________.

Termina el cuento inicial de otra manera a partir de:

...Como pudo, la cigarra se acercó y llamó a la puerta.

Dibuja el final del cuento.

Lee.

Insectos cantores

La cigarra se pasa el día cantando. Pero no vayáis a creer que ha ido al Conservatorio para aprender música, o que toca algún instrumento como la guitarra o el violín.

Para «cantar» frota sus patas traseras contra sus alas.

La cigarra canta cuando hace mucho calor. Parece estar pidiendo un refresco.

Otro de los insectos «músicos» es el grillo. El grillo frota sus alas una contra otra y emite el «cri-cri-cri» que todos conocemos.

Hay otros insectos que dan luz, como la luciérnaga, y otros que recogen basura, como el escarabajo pelotero.

Como ves, el mundo de los insectos es muy variado.

Inventa una conversación entre el grillo y la cigarra.

Aprende.

Estas figuras son polígonos:

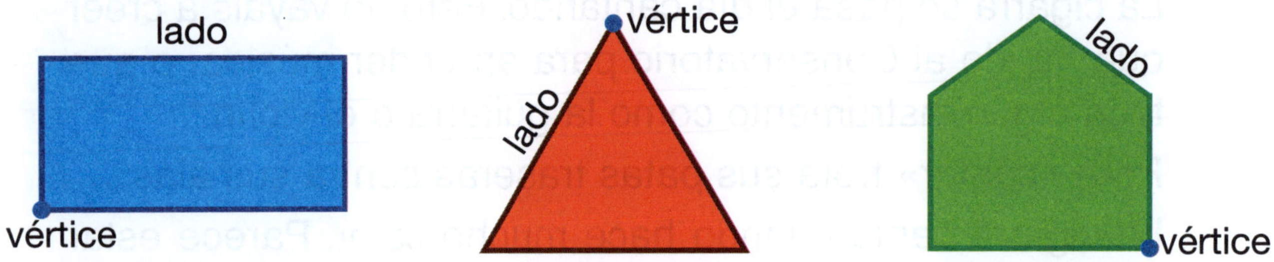

cuadrilátero triángulo pentágono

Colorea del mismo color que el polígono al que se parecen.

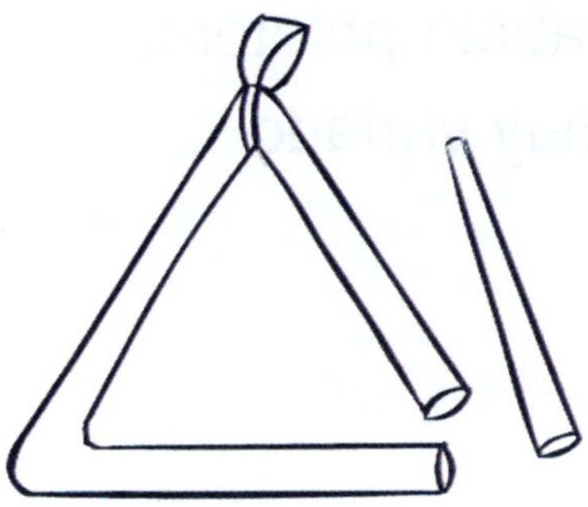

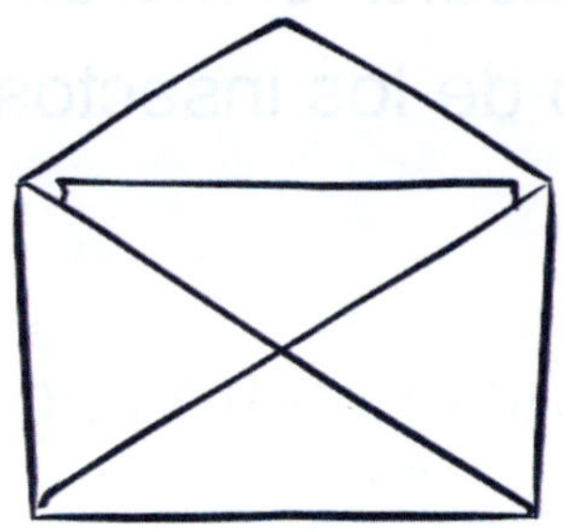

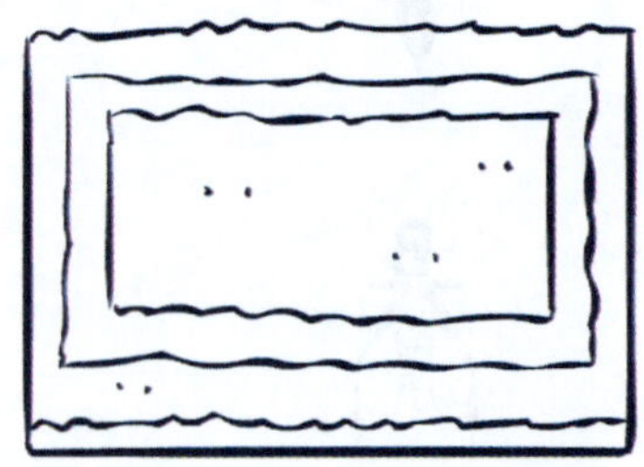

Observa y cuenta polígonos.

triángulos: ☐

cuadriláteros: ☐

pentágonos: ☐

Completa.

El  tiene ☐ lados y ☐ vértices.

El  tiene ☐ ________ y ☐ ________.

El  tiene ☐ ________ y ☐ ________.

Observa y completa la serie.

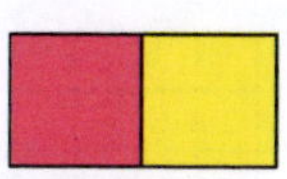 ________________________________

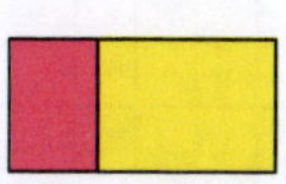 ________________________________

Refuerza y recuerda

Escribe qué nos dan.

 → ____________  → ____________

Dibuja una mariposa y una mariquita.

Subraya las acciones.

bonito martes dormir simpática
mentir
jugar leer soñar cocinar calor

Dictado.

Completa.

×	0	5	3	6	8	2	9	10	1	4
7										

×	3	1	6	5	2	9	7	8	4	10
6										

Colorea y completa.

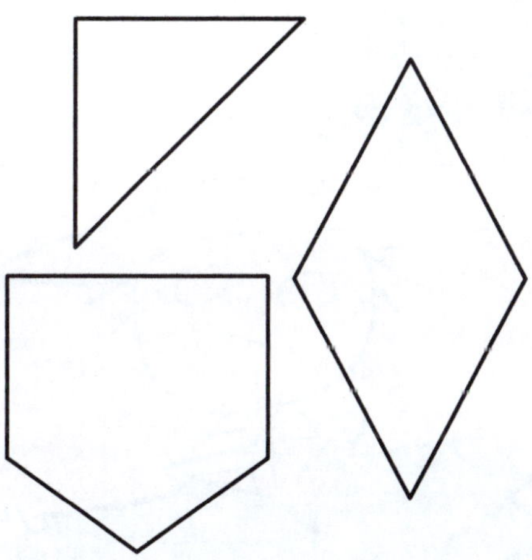

LADOS			
VÉRTICES			

Cálculo mental.

2 + 1 = 3

2 4 9 + 1 0 0 = 3 4 9

350 + 100 = ☐ 572 + 100 = ☐

461 + 100 = ☐ 683 + 100 = ☐

3 Los alimentos

Ponte en marcha

Escribe los signos **¿?, ¡!**

Colorea los cuadriláteros.

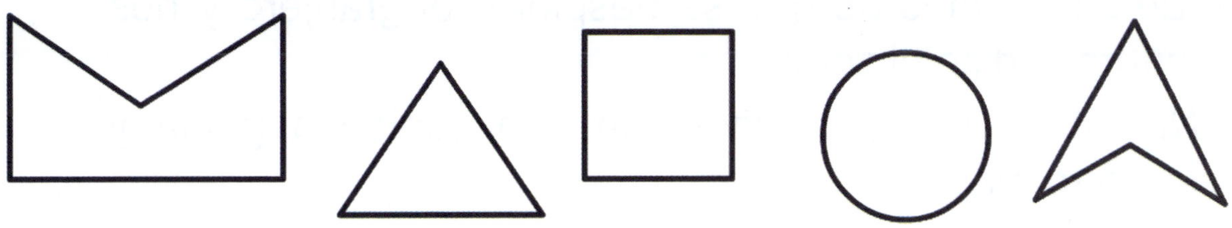

Relaciona.

leche

trigo

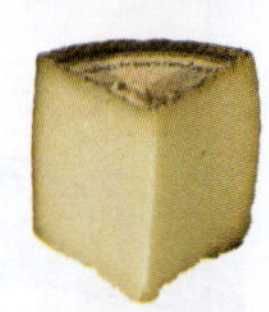

aceitunas

El lobo tragón

Lobato es un lobo muy comilón. A todas horas tiene hambre. Hoy anda buscando comida porque apenas ha desayunado. Se esconde tras un matorral, esperando alguna presa. En esto, ve venir a un zorro. No es la comida que más le gusta, pero tiene tanta hambre que no puede ser remilgado, así que lo caza.

—¡No me comas, hermano lobo! —dice el zorro, asustado.

—Si no quieres que te coma, tendrás que buscarme algo para almorzar —contesta Lobato.

—Ven conmigo a aquella granja. Allí hay dos corderitos tiernos y jugosos que te encantarán.

Lobato y el zorro llegan a la granja y el lobo, de un bocado, se come a los corderos.

—Vámonos antes de que se despierte el granjero y nos descubra —dice el zorro.

—¡Ni hablar! Los corderitos me han sabido a gloria y quiero otro más.

El lobo se metió en el redil. Al verlo, un corderito empezó a balar con fuerza. El granjero lo oyó y fue a ver qué ocurría,

armado con una estaca. Cuando vio al lobo, se lio a estacazos con él y lo dejó baldado.

—¡Ay, ay, ay! —se quejaba el lobo.

—Si no hubieras sido tan glotón, te habrías librado de la paliza del granjero —dijo el zorro.

—Pues yo sigo teniendo hambre y, si no me das algo de comer, tú me servirás de postre.

Entonces, el zorro llevó a Lobato a la cocina del alcalde. Estaban preparando unos pasteles para la fiesta del día siguiente. Cuando el cocinero terminó y salió de la cocina, el lobo se lanzó sobre ellos.

—¡Qué ricos están! —decía Lobato tragándose los dulces de dos en dos.

En su precipitación por comerse los pasteles, tiró las bandejas al suelo armando un gran estrépito. El cocinero apareció con una sartén en la mano y le propinó al lobo otra gran paliza.

Aprovechando que Lobato estaba atontado por los sartenazos del cocinero, el zorro salió pies para qué os quiero diciendo:

—¿No querías postre? Pues has tenido doble ración: pasteles y «tortas».

Contesta.

¿Por qué cazó el lobo al zorro?

¿Por qué no se lo comió?

¿Cuál de los dos animales te parece más listo?

¿Por qué?

¿Qué significa: «Pues has tenido doble ración, pasteles y "tortas"»?

Subraya el significado de las siguientes frases:

Los corderos me han sabido a gloria.

- No le han gustado nada.
- Quiere comer pastel de gloria.
- Le han gustado mucho.

El zorro salió pies para qué os quiero.

- Tenía dolor de pies.
- Escapó muy rápido.
- Quería mucho a sus pies.

Recuerda.

 queso → quesera 

→ requesón 

Queso, quesera y requesón son palabras de la misma familia.

Completa y escribe frases.

comida - comilón - comistrajo

El lobo era muy ____________________. Salió a buscar ____________________. Lo que encontró no le gustó porque era un ________________.

pastelera - pastelería

____

____

cocina - cocinero

____

____

Escribe números de tres cifras que tengan:

0 en la cifra de las unidades:

320 → ______

☐ → ______

☐ → ______

☐ → ______

0 en la cifra de las decenas:

☐ → ______

☐ → ______

☐ → ______

Une los números de menor a mayor, y escríbelos ordenados.

651	530	478	315
593	875	145	278
915	101	132	269

Escribe los números que puedas formar con estas cifras:

7 5 2

Escribe los números que faltan.

639 ← ☐ → 641

799 ← ☐ → 801

☐ ← 450 → 451

178 ← 179 → ☐

☐ ← 900 → ☐

☐ ← 230 → ☐

Piensa y contesta.

¿Cuál es la cifra que más vale en los siguientes números?

329 → ☐ ¿Por qué? ______

194 → ☐ ¿Por qué? ______

48 → ☐ ¿Por qué? ______

Recuerda y completa.

mermelada

pan

chocolate

plátano

Los alimentos que obtenemos de las plantas son de origen vegetal.

Del manzano nos comemos el fruto, que es la  ______________.

De la planta de la patata nos comemos el tallo, que es la  ______________.

De la planta de la zanahoria nos comemos la raíz, que es la  ______________.

De la planta de la alcachofa nos comemos la flor, que es la  ______________.

De la planta de la lechuga nos comemos las hojas, que forman la  ______________.

Aprende cómo se elabora el pan.

Se siembra el trigo.

Cuando ha crecido, se cosecha.

Se muele el trigo para sacar harina.

Se mezclan harina, agua, sal y levadura, y se cuece.

Escribe alimentos que se hagan con harina.

Recuerda.

Las preguntas llevan los signos ¿ ?.
Las exclamaciones llevan los signos ¡ !.

Subraya así: preguntas - exclamaciones.

—¡Que viene el lobo! —dicen los corderitos.

—¿Quién anda ahí? —pregunta el pastor.

—¡Escóndete, lobo! Como te vean te darán una paliza.

—¿Quieres ser tú mi postre? —pregunta el lobo.

Escribe la frase «Esta tarde vamos al circo».

En forma de pregunta.

____

En forma de exclamación.

____

Escribe la pregunta que harías para saber:

Qué hora es.

Dónde está la calle Pajarillo.

Qué comerás hoy.

Si puedes ir al cumpleaños de un amigo.

Escribe exclamaciones que expresen:

Miedo ante una película.

Alegría porque te han hecho un regalo.

Sorpresa porque han venido tus abuelos.

Une los números de dos en dos.

Se diferencian en:

6 unidades

14	38	96
32	90	20

7 unidades

107	89	51
82	58	100

1 decena

346	5	79
15	69	356

1 centena

578	214	639
114	739	478

Colorea los números cuyas sumas sean:

74 86 45 98 61

23	30	12	52	11
74	46	51	15	50

Completa las series.

Sumo 10 y quito 1.

600 → +9 → ☐ → +9 → ☐ → +9 → ☐ ↓ +9

☐ ← +9 ← ☐ ← +9 ← 645 ← +9 ← ☐

↓ +9 ☐ → +9 → ☐ → +9 → 690

Quito 10 y añado 1.

425 → −9 → ☐ → −9 → ☐ → −9 → ☐ ↓ −9

☐ ← −9 ← ☐ ← −9 ← 380 ← −9 ← ☐

↓ −9 ☐ → −9 → ☐ → −9 → 335

Refuerza y recuerda

Señala lo que comes de estas plantas:

RAÍZ					
HOJAS					
TALLO					
FRUTO					
FLOR					

Escribe palabras de la misma familia.

chocolate | jugar | flor

Dictado.

Cuenta hacia atrás de 2 en 2.

373							
	355						343

Resta y comprueba.

```
  6 4 8
– 2 7 9 → [   ]
───────
 [   ]  → ◯ [   ]
          ───────
            [   ]
```

```
  7 0 3
– 5 2 1 → [   ]
───────
 [   ]  → ◯ [   ]
          ───────
            [   ]
```

Problema.

En una cesta hay 95 barras de pan y en una caja hay 23 barras menos. ¿Cuántas barras de pan hay en la caja?

```
   [   ]
◯ [   ]
───────
   [   ]
```

En la caja hay [   ] barras de pan.

Recuerda.

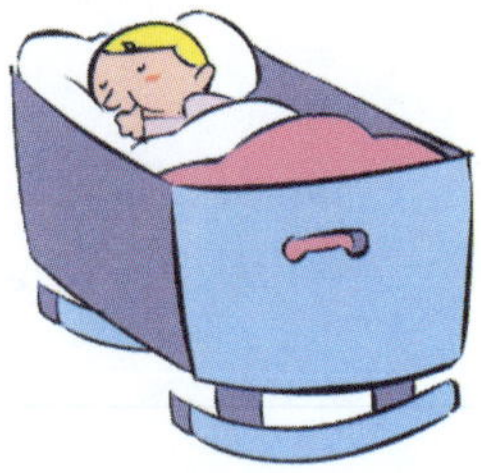

dormía

duerme

dormirá

Las acciones ocurren en tiempos diferentes:

– Antes: ya ha ocurrido.
– Ahora: está ocurriendo.
– Después: ocurrirá más tarde.

Completa.

ANTES	AHORA	DESPUÉS

comía	__________	__________

corría	__________	__________

Recita.

La ciudad de Jauja

En Jauja no hay limosneros,
que todos son caballeros.
Los árboles dan levitas,
pantalones y botitas.
Los lunes llueven jamones,
perdices y salchichones.
El perro, el ratón y el gato
comen en un mismo plato.
Como no hay que trabajar
solo piensan en bailar.
Las calles de azúcar son
y las casas, de turrón.
A manos de los chiquillos
se acercan los pajarillos.
Cuando nieva son buñuelos,
bizcochos y caramelos.
Tienen coches muy bonitos
tirados por corderitos.
Esto y mucho más encierra
esta rica y linda tierra.

María Elena Walsh

Escribe los alimentos que se nombran en la poesía.

Aprende.

Tabla del 8

$8 \times 0 = 0$
$8 \times 1 = 8$
$8 \times 2 = 16$
$8 \times 3 = 24$
$8 \times 4 = 32$
$8 \times 5 = 40$
$8 \times 6 = 48$
$8 \times 7 = 56$
$8 \times 8 = 64$
$8 \times 9 = 72$
$8 \times 10 = 80$

Une cada operación con el resultado correcto.

8×5	56
8×7	
8×2	16
8×6	

8×9	32
8×4	
8×3	64
8×8	

Completa.

8 × 4 = ☐ ⟷ 4 × 8 = ☐

7 × 6 = ☐ ⟷ 6 × 7 = ☐

8 × 7 = ☐ ⟷ 7 × 8 = ☐

8 × 5 = ☐ ⟷ 5 × 8 = ☐

7 × 3 = ☐ ⟷ 3 × 7 = ☐

8 × 2 = ☐ ⟷ 2 × 8 = ☐

Problema.

En un envase caben 8 huevos.
¿Cuántos huevos cabrán en 6 envases iguales?

☐ ○ ☐ = ☐

Se han roto 15 huevos.
¿Cuántos huevos quedan?

☐
○ ☐
———
☐

Quedan ☐ huevos.

Aprende y completa.

chorizo

queso

yogur

> Los alimentos que obtenemos de los animales son de **origen animal**.

De la vaca obtenemos  ________ y

 ________.

De la gallina obtenemos 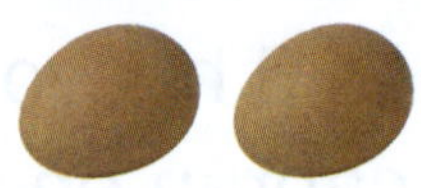 ________ y

 ________.

Del cerdo obtenemos  ________,

 ________ y  ________.

De los peces sacamos 

huevas y

 ________.

Clasifica.

tomate miel zumo queso
chorizo palomitas macarrones aceite
mantequilla chuletas tortilla mermelada

Origen vegetal	Origen animal
______________	______________
______________	______________
______________	______________
______________	______________
______________	______________
______________	______________

Aprende.

El agua y la sal no son de origen vegetal ni animal.
Son alimentos de origen mineral.

Aprende.

Comilón: que come mucho.

Redil: casa de las ovejas.

Sartenazo: golpe dado con una sartén.

Escribe una frase con cada una de las palabras anteriores.

Resume el cuento inicial.

Un lobo muy comilón

Lee y contesta.

Los caramelos

¿Te gustan los caramelos? ¡Mmm, qué ricos están!

¿Hay algún árbol que dé caramelos? ¡No! Los caramelos se fabrican con… ¡azúcar, claro que sí!

El azúcar es un alimento de origen vegetal. Lo podemos obtener de dos plantas distintas: la remolacha azucarera y la caña de azúcar.

Para hacer los caramelos primero se calienta el azúcar. Así se forma la pasta del caramelo. A esta pasta se le añaden distintos sabores y colores: fresa, limón, naranja, piña, etc.

Como ves, los caramelos son puro azúcar. Por eso no debemos comer demasiados. No es bueno para los dientes.

¿Qué caramelos son los que más te gustan? ______________

____

Adivina.

Blanca soy,
en la cocina estoy,
y endulzo la vida
allá donde voy.

____

Verde me crie,
rubio me cortaron,
blanco me molieron
y cocido me tomaron.

____

Recuerda y escribe cómo se llaman estos polígonos:

Tres lados → ____________________

Cuatro lados → ____________________

Cinco lados → ____________________

Rodea el polígono que no pertenece a la serie, y explica por qué.

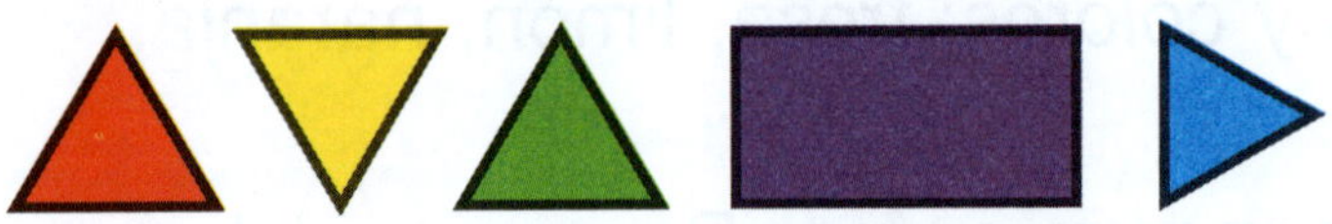

Porque ____________________

____

Porque ____________________

____

Porque ____________________

____

Dibuja las líneas necesarias para que de estas figuras salgan:

2 cuadriláteros

4 cuadriláteros

2 triángulos

4 triángulos

Inventa un dibujo utilizando estos polígonos:

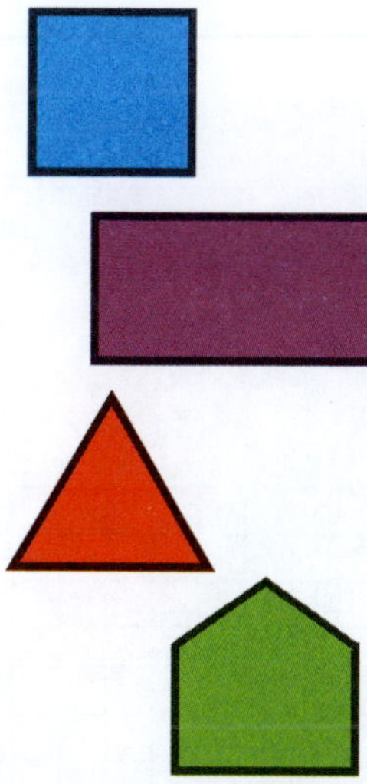

Refuerza y recuerda

Completa.

Con la leche hacemos ________,

________ y ________.

Con la carne de  hacemos

________, ________ y ________.

Escribe las frases correctamente.

Ayer Miguel lee un cuento.

____

Mañana venían mis abuelos.

____

Ahora fui al parque a jugar.

____

Dictado.

Calcula.

8 × 9 = ☐ 8 × 4 = ☐ 8 × 6 = ☐

7 × 5 = ☐ 6 × 3 = ☐ 5 × 2 = ☐

8 × 7 = ☐ 8 × 5 = ☐ 8 × 8 = ☐

4 × 9 = ☐ 3 × 8 = ☐ 2 × 7 = ☐

Completa.

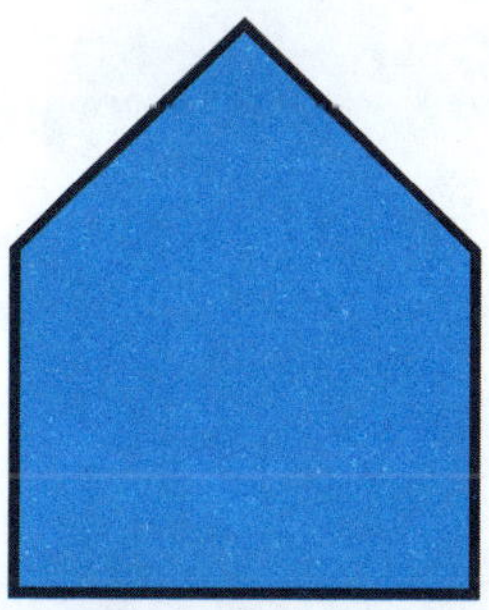

Este polígono es un ______________. Tiene ________ lados y ________ vértices.

¿Cuántos vértices tienen 8 pentágonos?

☐ ◯ ☐ = ☐

Cálculo mental.

5 − 1 = 4

569 − 100 = 469

670 − 100 = ☐ 892 − 100 = ☐

781 − 100 = ☐ 903 − 100 = ☐

4 Usos de las plantas

Ponte en marcha

Subraya los grupos de palabras que forman una oración.

La camisa de Enrique de algodón.

La falda de María es de lana.

Guantes Raquel seda míos.

Rodea el resultado de:

$9 \times 10 \longleftrightarrow 10 \times 9$

70 40 50 90 80 60

Tacha las cosas que no proceden de las plantas.

Un suceso muy extraño

—Algo raro está pasando —dijo una mañana la maestra a sus alumnos—. Cada día, alguno de vosotros viene a contarme un suceso increíble.

Y era verdad. Desde hacía mucho tiempo, los chicos y las chicas de aquel colegio tenían la costumbre de ir a jugar a un campo cercano a la salida de la escuela. Durante los juegos, que tenían lugar sobre la hierba, era normal pisar alguna de las florecillas silvestres que crecían por todas partes. Y desde hacía poco tiempo, cuando ocurría, recibían un pescozón dado por una mano invisible.

Lo mismo ocurría cuando alguien arrancaba sin necesidad algunos frutos, o tronchaba las espigas de trigo, o partía las hojas de los árboles.

Estos sucesos hicieron correr la voz de que en el campo había un fantasma que perseguía a los niños y daba pescozones a las personas que estropeaban la naturaleza.

Una tarde del mes de mayo, la profesora salió con sus alumnos a dar la clase al campo. Les enseñaba el nombre de las plantas y explicaba para qué servía cada una de ellas. De pronto se nubló y empezó a llover. Todos corrieron a refugiarse en una cabaña cercana. Estaban a oscuras, iluminados solo por la luz de los relámpagos. De pronto, empezó a brillar una esquina de la cabaña. Se acercaron y vieron a un pequeño duendecillo. Iba vestido con hojas de árboles y pétalos de flores.

—¿Quién eres? —preguntó Enrique, que era el más decidido.

—Soy el encargado de cuidar la naturaleza. Por eso me enfado cuando alguien le hace algún daño intencionadamente.

—¿Eres tú el que nos da pescozones cuando estropeamos las plantas? —quiso saber Irene.

—Sí, soy yo. Lo hago para llamar vuestra atención. De esta manera intento que aprendáis a amar la naturaleza, porque de ella depende vuestra vida.

Y diciendo esto, el duende desapareció. Alumnos y profesora regresaron pensativos a la escuela. Y cuentan los más ancianos que, desde entonces, los campos que rodean el pueblo dan más frutos que nunca, porque todas las personas del lugar cuidan y respetan la naturaleza.

Contesta.

¿En qué estación del año ocurre la historia? ______________

¿Por qué se enfadaba el duende? ______________

____

____

¿Qué es un pescozón? ______________

¿Dónde aparecen estos fragmentos: en el principio, en el medio, o en el final del cuento?

…«Soy el encargado de cuidar la naturaleza. Las plantas son necesarias para todos los seres vivos»…

____

…«Algo raro está pasando. Cada día, alguno de vosotros viene a contarme un suceso increíble»…

____

Imagina cómo es el duende que cuida la naturaleza y descríbelo.

____

____

____

Subraya, en cada caso, la palabra que no tenga relación.

peras - manzanas - escalera - naranjas

amapolas - barco - margaritas - rosas

patines - cerezo - almendro - ciruelo

raíces - ramas - hojas - paraguas

Escribe frases con dos de los grupos de las palabras relacionadas.

amapolas - margaritas - rosas

Escribe palabras que tengan relación con:

paloma	escondite	lápiz
jilguero		

Escribe los números que tienen 8 centenas y terminan en 7.

Escribe números que tengan tres cifras iguales entre 1 y 999.

Descompón estos números en suma de unidades:

725 = ☐ + ☐ + ☐

910 = ☐ + ☐ + ☐

471 = ☐ + ☐ + ☐

564 = ☐ + ☐ + ☐

802 = ☐ + ☐ + ☐

393 = ☐ + ☐ + ☐

Escribe cuál es la cifra de las decenas en estos números:

doscientos siete → ☐

quinientos sesenta → ☐

seiscientos diecinueve → ☐

novecientos nueve → ☐

trescientos dieciocho → ☐

seiscientos setenta y uno → ☐

ochocientos veinte → ☐

ciento dieciocho → ☐

Escribe los números formados por:

3 C y 8 D → ☐ ____________

5 C y 2 U → ☐ ____________

3 C, 2 D y 4 U → ☐ ____________

64 D → ☐ ____________

85 U → ☐ ____________

29 D y 2U → ☐ ____________

Colorea los espacios donde haya números pares mayores que 582.

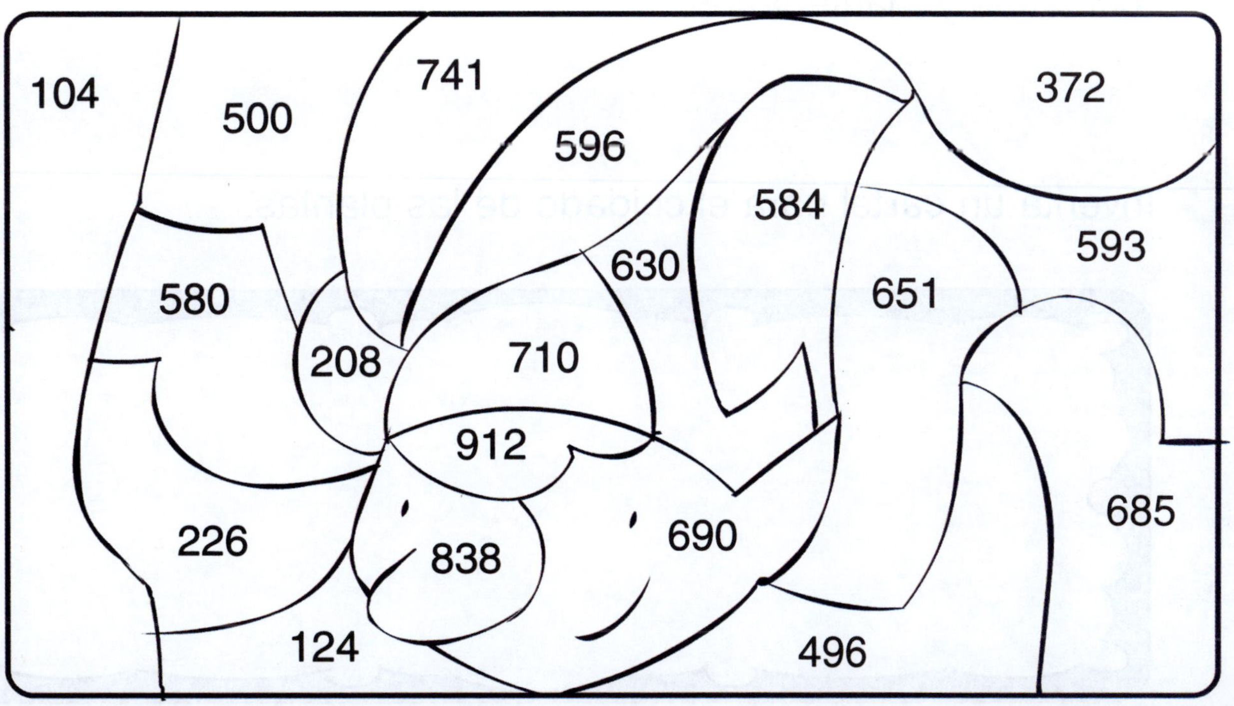

Aprende.

Las plantas son necesarias porque:

– Desprenden el oxígeno que todos los seres vivos respiramos.

– Proporcionan alimento para las personas y los animales.

Sin las plantas no podríamos vivir. Por eso debemos cuidarlas y mantenerlas.

Inventa un cartel para el cuidado de las plantas.

Colorea los seres que necesitan oxígeno para vivir.

Completa.

Si no hay  ______________, el 

______________ se muere.

Si no hay  ______________, el 

______________ se muere.

Si no hay  ______________ no hay vida.

Aprende.

Enrique corre alrededor del duende. Los dos se miran y sonríen.

Detrás de l, n y s se escribe r, y siempre suena fuerte.

Completa con **r** o **rr**.

Los niños co___ían al___ededor de la to___e.

Se en___eda___on entre las en___edade___as.

El duende los desen___edó. Todos

me___enda___on y juga___on al co___o.

Al terminar, sus mejillas estaban muy ___ojas.

___eían felices.

Escribe palabras relacionadas con la naturaleza que tengan **r**.

Sustituye la palabra en color por otra acción.

Irene hace una casa con piezas de madera.

Irene construye

Enrique hizo un cuadro con ceras de colores.

Mamá hará un guiso de carne con patatas.

Mi abuela hizo un traje verde para el duendecillo.

Completa.

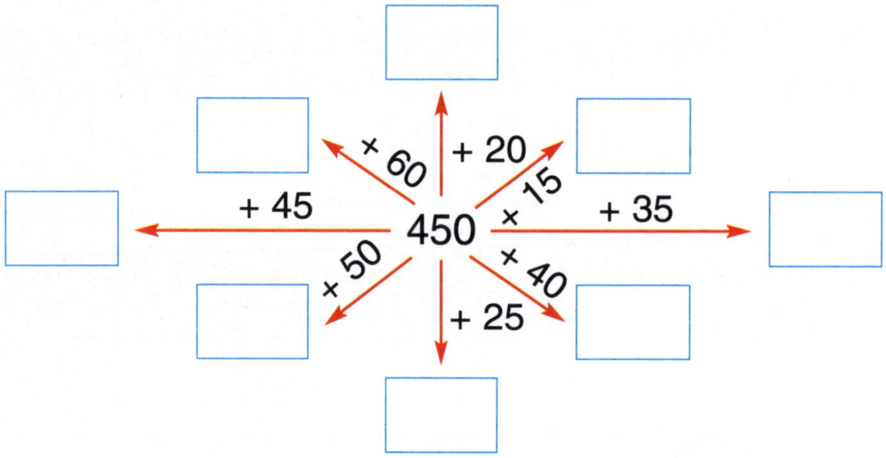

Resta y comprueba.

```
  6 3 1
− 2 4 9  →  ☐
-------
  ☐      → ○ ☐
            -----
              ☐
```

```
  7 4 6
− 2 5 8  →  ☐
-------
  ☐      → ○ ☐
            -----
              ☐
```

Escribe operaciones para estos resultados:

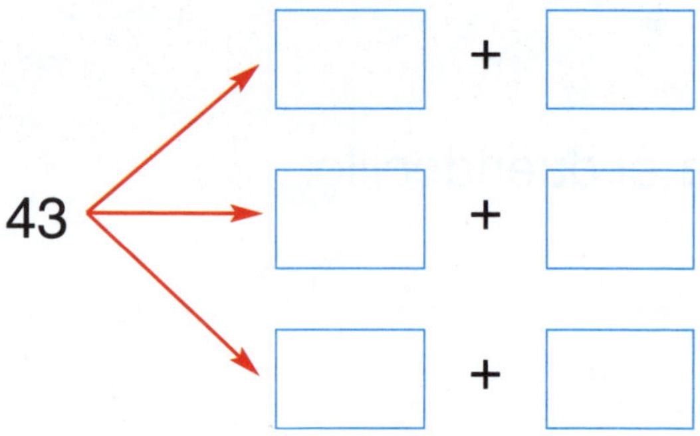

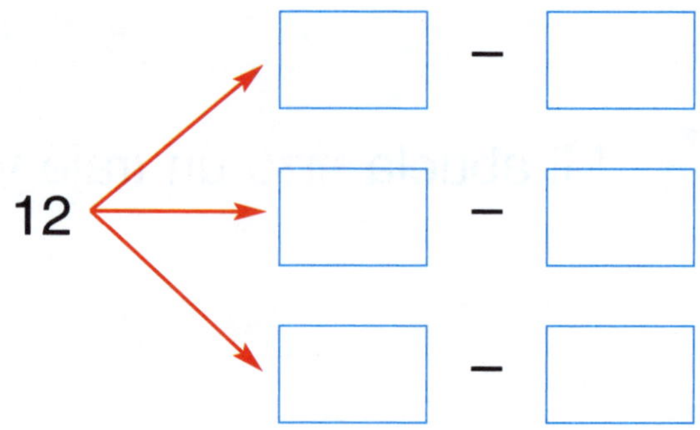

Problema.

Raquel y Enrique recogen melocotones para hacer mermelada. Raquel cogió 28 melocotones, y Enrique, 9 melocotones menos que Raquel.

¿Cuántos melocotones cogió Enrique?

Enrique cogió ☐ melocotones.

¿Cuántos melocotones cogieron entre los dos?

Cogieron ☐ melocotones.

Completa.

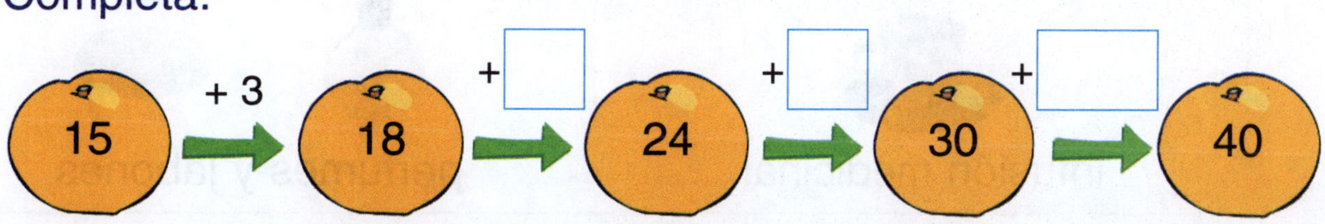

Aprende.

alimentos
zumo
mermelada
madera
muebles
papel
libros
periódicos
algodón
ropa
manzanilla
infusión medicinal
flores
perfumes y jabones

Colorea así:

Objetos hechos de madera →

Objetos hechos de papel →

Objetos hechos de algodón →

Clasifica los objetos coloreados.

madera	papel	algodón

Refuerza y recuerda

Subraya lo que obtenemos de las plantas.

tebeo mermelada cuaderno lápiz
chocolate
yogur papel higiénico oxígeno
sartén
algodón corcho mesa

Escribe frases con estas palabras:

alrededor - torre

Enrique - sonrisa

Dictado.

Coloca y realiza.

305 + 96 + 129

274 + 586 + 3

420 − 136

815 − 647

Problema.

En una caja hay 14 decenas de manzanas. Se venden 40 manzanas. ¿Cuántas manzanas quedan?

Quedan ☐ manzanas.

Aprende.

Los duendes cuidan las plantas.

«Los duendes cuidan las plantas» es una oración.

Un grupo de palabras es una oración si está ordenado y expresa una idea completa.

Ordena las palabras y forma oraciones.

niños flores pisaban silvestres. Los

____

al profesora campo. salieron los y alumnos La.

____

____

Escribe la acción que falta para formar oraciones.

Esa gallina ____________ trigo.

Los duendes se ________________ en el río.

Recita y contesta.

Mi morena

Tiene mi morena
tan chiquita boca
que en ella le caben
dos platos de sopa,
cuarenta pepinos,
diez mil calabazas,
y en serio les digo:
un montón de pasas.
A la pobre chica
le dio la viruela,
calentura mala
y dolor de muelas.
El doctor le dio
la zarzaparrilla,
jarabe de piña,
té de manzanilla.
....
Tirita por delante,
tirita por detrás.
Adiós que me voy,
y no vuelvo más.

Mª Elena Walsh

¿Crees que es verdad que la niña de la poesía tiene la boca «chiquita»? ____________

¿Qué remedios le dio el doctor para curarla? ____________

____

Aprende.

Tabla del 9

9 × 0 =	0
9 × 1 =	9
9 × 2 =	18
9 × 3 =	27
9 × 4 =	36
9 × 5 =	45
9 × 6 =	54
9 × 7 =	63
9 × 8 =	72
9 × 9 =	81
9 × 10 =	90

Tabla del 10

10 × 0 =	0
10 × 1 =	10
10 × 2 =	20
10 × 3 =	30
10 × 4 =	40
10 × 5 =	50
10 × 6 =	60
10 × 7 =	70
10 × 8 =	80
10 × 9 =	90
10 × 10 =	100

Completa.

9 × 6 = ☐	⟷	6 × 9 = ☐
9 × 3 = ☐	⟷	3 × 9 = ☐
9 × 8 = ☐	⟷	8 × 9 = ☐
10 × 4 = ☐	⟷	4 × 10 = ☐
10 × 7 = ☐	⟷	7 × 10 = ☐
10 × 5 = ☐	⟷	5 × 10 = ☐

Escribe multiplicaciones para estos resultados:

90 → ☐ × ☐ ; ☐ × ☐

36 → ☐ × ☐ ; ☐ × ☐

45 → ☐ × ☐ ; ☐ × ☐

80 → ☐ × ☐ ; ☐ × ☐

56 → ☐ × ☐ ; ☐ × ☐

48 → ☐ × ☐ ; ☐ × ☐

Problema.

Irene lee cada día 9 páginas de un libro.
¿Cuántas páginas leerá en una semana?

☐ ○ ☐ = ☐

Irene leerá ☐ páginas.

Durante la misma semana, su hermano lee 13 páginas más. ¿Cuántas páginas lee?

☐ ○ ☐ = ☐

Lee ☐ páginas.

Aprende.

manzanilla

poleo

tila

valeriana

Algunas plantas se utilizan para hacer medicinas.
Son plantas medicinales.

Sirven para aliviar algún malestar o alguna dolencia. Se toman en infusión.

Las tiendas que venden este tipo de plantas se llaman herbolarios.

Contesta.

A Enrique le duele el estómago.

¿Qué planta tomará? ______________________

¿Cómo la tomará? ______________________

¿Dónde la comprará? ______________________

Aprende.

rosa

crema

violeta

jabón

lavanda

colonia

jazmín

perfume

De otras plantas se obtienen productos de perfumería: jabones, colonias, perfumes, cremas…

Son plantas aromáticas.

Adivina y dibuja.

Me compras en la perfumería,
me guardas en el perfumador.
Conmigo te perfumas
para tener buen olor.

Soy ______________________ .

Escribe y dibuja un tebeo sobre el cuento inicial.

Un suceso muy extraño

Lee y contesta.

El papel

¿Te gusta escribir? ¿Y dibujar? Sueles hacerlo sobre un papel.

Esto, que te parece normal, no siempre ha sido así. Antiguamente no existía el papel. Se escribía en papiros o en pergaminos. Los papiros eran hojas fabricadas con plantas, y los pergaminos se hacían con pieles de animales.

Escribir en estos materiales era muy costoso, y los hombres investigaban la manera de conseguir algo más cómodo y más barato donde escribir. Fueron los chinos los que inventaron el papel.

El papel se fabrica con trozos de árboles y trapos de algodón, lino o cáñamo. Debemos aprovechar y cuidar el papel, porque cada hoja que malgastemos cuesta un gran esfuerzo a la naturaleza.

¿Qué crees que haría el duende del cuento si nos viera romper un libro? ______________________

____

¿Por qué? ______________________

____

Recuerda y completa.

8 en punto

4 y media

2 y cuarto

7 menos cuarto

Es la ☐ ______________.

Son las ☐ ______________.

Completa.

Son las ☐ en ______________.

Son las ☐ quince o las ☐ y ______________.

Son las ☐ cuarenta y cinco o las ☐ ______________.

Completa y contesta.

Los niños y el duende van de excursión al campo.

Hora de salida.

Hora de llegada.

Empiezan una marcha.

Terminan la marcha.

¿Durante cuánto tiempo han caminado?

Empiezan a comer.

Terminan de comer.

¿Durante cuánto tiempo han comido?

Refuerza y recuerda

Completa.

La manzanilla, el poleo y la tila son plantas __________. Se compran en los __________.

La lavanda, el jazmín y las rosas son plantas __________.

Con ellas se hacen __________.

Termina estas oraciones:

Carlos compró __________.

Esta mañana, Irene __________.

El duende __________.

Dictado.

Completa la tabla.

×	1	2	3	4	5	6	7	8	9	10
9										
10										

Contesta.

¿Cuántas horas tiene el día? ______________________

¿Cuántos minutos tiene una hora? ______________________

Piensa y completa.

Son las 5 en punto. Pasa 1 hora y media. ¿Qué hora será?

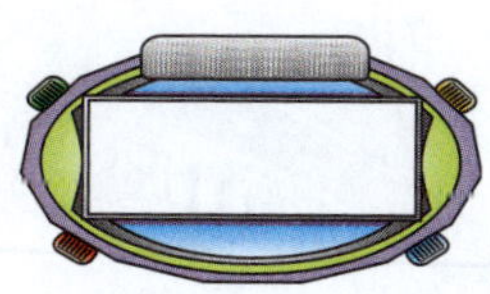

Las 5 en punto.

Serán las ☐ *y* ______________ .

Cálculo mental.

76 + 200 = 276

43 + 400 = ☐

67 + 500 = ☐

84 + 300 = ☐

96 + 600 = ☐

5 El paisaje

Ponte en marcha

Subraya las palabras compuestas.

baloncesto campamento comecocos cuentagotas

Une con lo que más se parece.

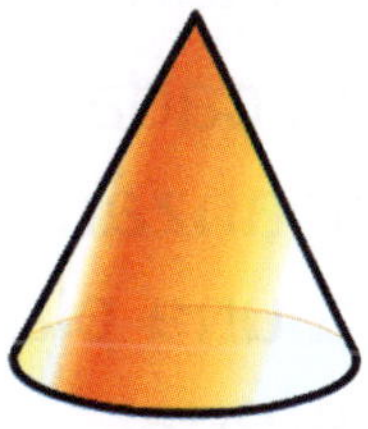

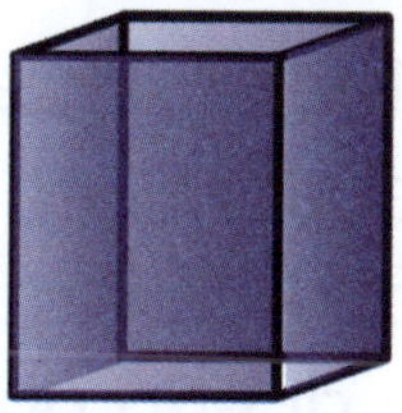

Une según corresponda.

playa
montaña
conchas
frío
calor
nadar
esquiar
nieve

Una aventura de Simbad

Hace muchos años, tantos que casi no puedo acordarme, vivió un célebre marino llamado Simbad. A Simbad le gustaba mucho viajar. Viajaba continuamente, visitando países lejanos y misteriosos. Conocía lugares a los que nadie más que él había llegado.

En uno de esos viajes, regresaba con el barco cargado de mercancías. Estaba en la proa de la embarcación mirando el mar, cuando vio a lo lejos una pequeña isla que no aparecía en ningún mapa. Quiso explorarla y mandó a sus marineros que le prepararan una barca pequeña. Remando con fuerza, se acercó a ella.

Cuando bajó y creyó pisar tierra firme, la isla se movió. Entonces, comprobó que aquello no era una isla, sino una enorme ballena. La ballena dio un tremendo coletazo y el marino cayó al mar. El coletazo también había roto la barca.

Observó que su navío estaba cada vez más lejos. Simbad nadó tras él, pero no pudo alcanzarlo. Siguió nadando y, al cabo de largas horas, llegó a una playa desierta. Agotado, se quedó dormido sobre la arena.

Un brusco movimiento le despertó. Con sorpresa, vio que volaba prisionero entre las garras de un enorme pajarraco.

El pájaro continuó volando sin soltar a su presa. Desde lo alto, Simbad divisó paisajes muy diferentes y hermosos: montañas enormes, valles verdes, desiertos amarillos... También sobrevoló ciudades muy grandes, e incluso llegó a ver los hielos permanentes que cubren los polos.

Simbad estaba maravillado. Sabía que la Tierra era extraordinaria, pero nunca lo había comprobado como en aquella ocasión.

Por fin, el enorme pájaro, cansado de volar, descendió a tierra. Con suavidad, depositó a Simbad en su nido. Aprovechando que el pájaro salió a buscar comida, el marino se escapó. Y después de muchos días de agotadora marcha, llegó a un puerto donde le esperaban sus hombres con su barco.

Escribe la frase verdadera.

Simbad era un médico muy viajero.

Simbad era un marino muy viajero.

Simbad era un marino poco viajero.

Creyó pisar una isla, pero era un barco.

Creyó pisar una isla y era una isla.

Creyó pisar una isla, pero era una ballena.

Simbad vio muchos paisajes mientras volaba en un avión.

Simbad vio muchos paisajes mientras volaba en las garras de un pajarraco.

Simbad vio muchos paisajes mientras volaba en un globo.

Imagina y escribe lo que habría sucedido si Simbad no hubiera podido escapar del nido del pajarraco.

Recuerda.

Los niños jugaban en el rompeolas.

Rompeolas es una palabra compuesta: rompe + olas.

Une y escribe.

cumple	bosques →	____________
espanta	pájaros →	____________
guarda	años →	____________
pisa	araña →	____________
tela	papeles →	____________

Separa las palabras y escribe.

quitasol: ________ ________

sordomudo: ________ ________

lavacoches: ________ ________

limpiaparabrisas: ________ ________ ________

Une según corresponda.

956	6 centenas y 2 unidades
510	87 unidades
602	95 decenas y 6 unidades
87	5 centenas y 10 unidades
950	9 centenas y 5 decenas

Escribe el número de decenas completas.

453 → ☐ D	684 → ☐ D	125 → ☐ D
108 → ☐ D	740 → ☐ D	97 → ☐ D

Une los puntos del 252 al 892, contando de 20 en 20.

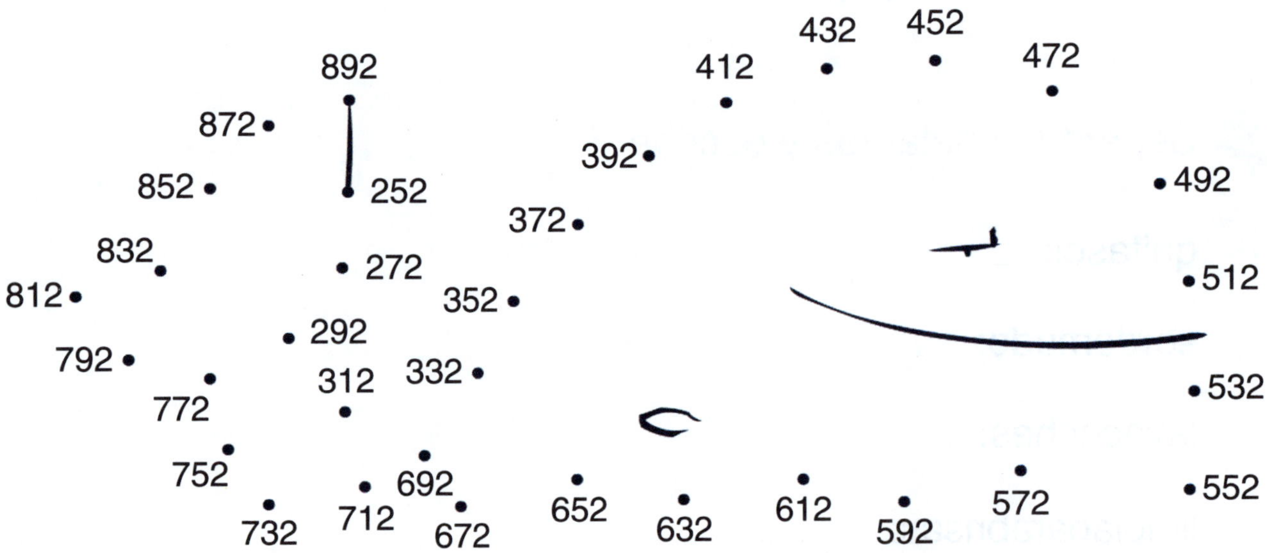

Continúa las series.

218	228	238					288
534	530	526					506
			340	345	350		

Coloca el signo > o <.

164 ◯ 382 ◯ 570 ◯ 256 ◯ 107

987 ◯ 989 ◯ 713 ◯ 675 ◯ 756

Rodea el número.

Tiene 9 unidades.
No tiene ningún 3.
No tiene ningún 8.

309 609
726 689

Es mayor que 600.
Es menor que 800.
Tiene 7 decenas.

667 870
679
797 575

Aprende.

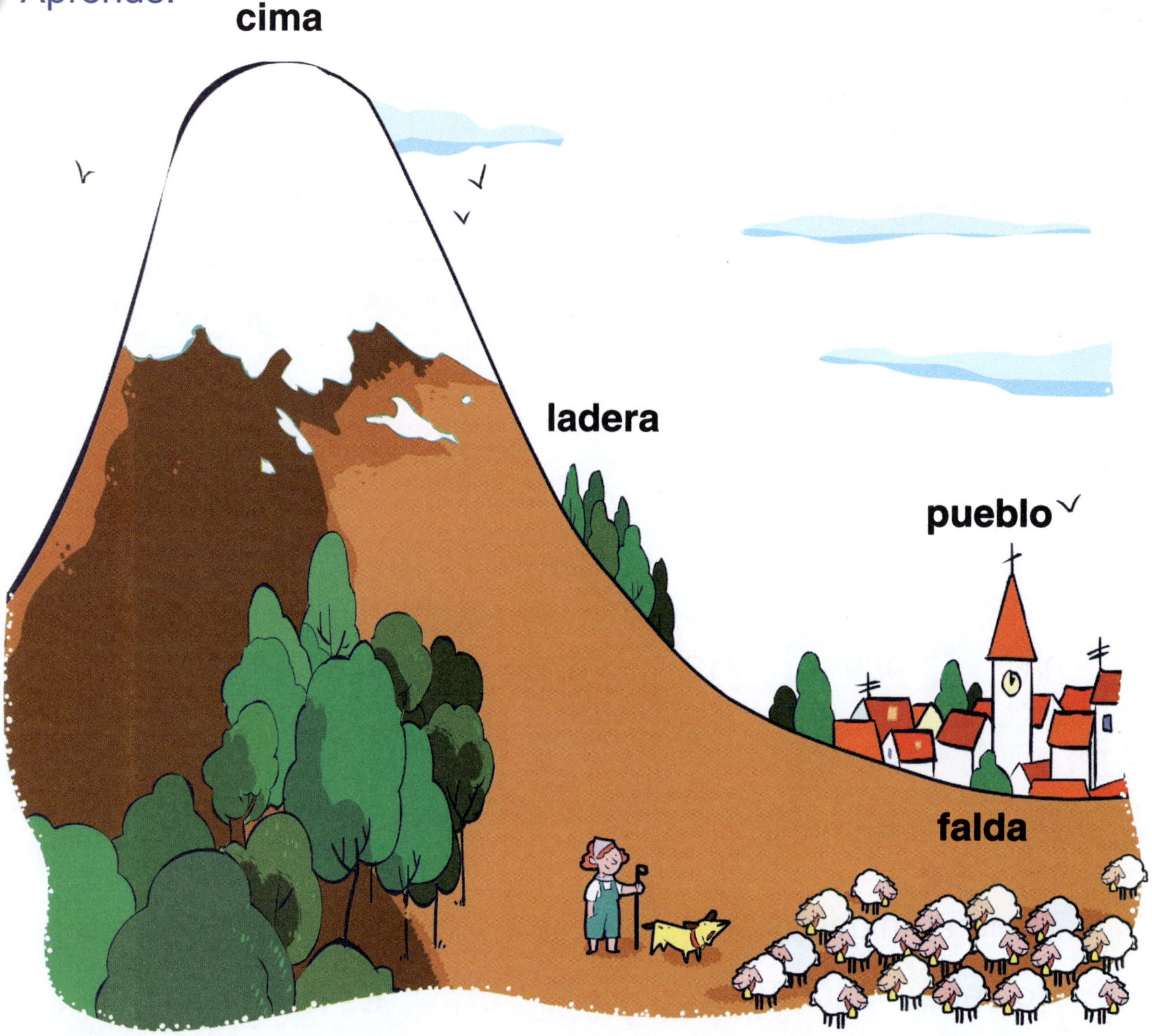

Una montaña es una elevación del terreno.

La parte más alta de la montaña se llama cima.

La parte más inclinada se llama ladera.

La parte más baja de la montaña se llama falda o pie.

Los habitantes de los pueblos de montaña suelen ser pastores y ganaderos.

Observa y completa.

En la montaña hay ______________________

____

Aprende y relaciona el significado.

rebaño	río que lleva poca agua
riachuelo	camino estrecho
sendero	conjunto de ovejas

Aprende.

cuchillo

rosquilla

hebilla

Las palabras que terminan en -illo, -illa se escriben con ll.

Escribe palabras que terminen en **-illo**, **-illa**.

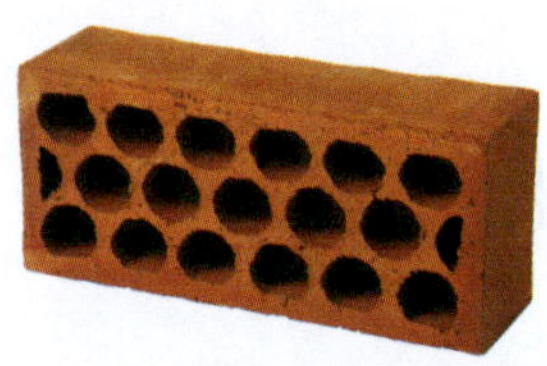

Completa con **-illo** o **-illa**.

amar______ senc______ cap______

morc______ cam______ past______

Escribe frases con estas palabras:

martillo - bombilla

chiquillo - hebilla

flequillo - cosquillas

Adivina y rodea.

Se pone contento
cuando el sol se va,
frota sus alas
y empieza a cantar:
cri, cri, cri…

Mi nombre es parecido
al fruto del manzano.
Soy flor medicinal
en invierno y en verano.

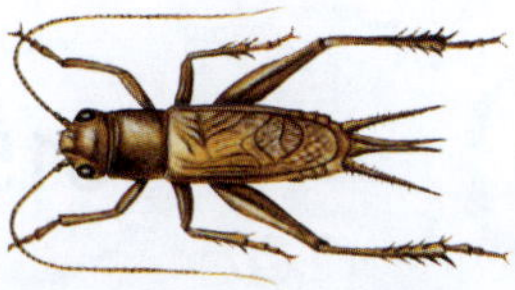

Suma y resta.

30 + 356 → □

445 − 45 → □

180 + 215 → □

Completa.

10 unidades menos ←		10 unidades más →
□	← 328 →	□
□	← 675 →	□
□	← 436 →	□
□	← 719 →	□

Escribe los números que faltan.

8 → (+ □) → 12 → (+ □) → 18 → (+ □) → 26 → (+ □) → 30

84 → (− □) → 80 → (− □) → 73 → (− □) → 63 → (− □) → 55

315 → (+ □) → 322 → (− □) → 312 → (+ □) → 320 → (− □) → 315

Problema.

Necesitas material para hacer un dibujo del mar. Un lápiz cuesta 34 céntimos, un rotulador cuesta 8 céntimos más que el lápiz, y una goma cuesta 14 céntimos menos que el rotulador.

¿Cuánto cuesta cada cosa?

El  → ☐ ______

El  → ☐ ○ ☐ = ☐ ______

La 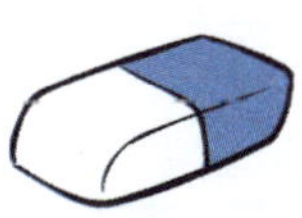 → ☐ céntimos.

¿Cuánto te gastas si compras las tres cosas?

Te gastas ☐ céntimos.

Refuerza y recuerda

Completa.

Una elevación del terreno es una ____________________.

La parte más alta de la montaña se llama ____________.

La parte más baja de la montaña se llama ____________.

Escribe palabras terminadas en **-illo** o **-illa**.

rosca: rosquilla

mesa: ____________

bolso: ____________

ojo: ____________

ventana: ____________

zapato: ____________

Dictado.

Dictado de números.

Escribe el número anterior y el posterior.

☐ ←	trescientos quince	→ ☐
☐ ←	doscientos	→ ☐
☐ ←	quinientos noventa	→ ☐
☐ ←	ochocientos nueve	→ ☐

Elige y escribe.

358 - 915 - 634 - 716 - 149 - 536

mayor que 777	menor que 284	entre 460 y 590

Realiza.

		6	5	8			5	6	9			9	0	6			8	1	2
	+	3	2	5		+	2	8	7		–	7	3	8		–	7	4	6

Aprende, une y escribe.

Simbad	juegan en el mar.
Los delfines	viajaba en barco.

Unos pescadores	subió a la montaña.
El montañero	vieron una ballena.

Termina las frases.

Un pastor

Aquel leñador

Recita y contesta.

Cómo se dibuja un paisaje

Un paisaje que tenga de todo,
se dibuja de este modo:
unas montañas,
un pino,
arriba el sol,
abajo un camino,
una vaca,
un campesino,
unas flores,
un molino,
la gallina y un conejo,
y cerca un lago como un espejo.
Ahora tú pon los colores;
la montaña de marrón;
el astro sol amarillo;
colorado el campesino,
el pino verde,
el lago azul
—porque es reflejo del cielo, como tú—,
la vaca de color vaca;
de color gris el conejo;
las flores…
como tú quieras las flores.
De tu caja de pinturas,
¡usa todos los colores!

Gloria Fuertes

El paisaje de la poesía ¿es costero o de montaña?

Aprende.

$8 \times 9 = 72$ ⟶

8	⟶ Multiplicando
× 9	⟶ Multiplicador
7 2	⟶ Producto

Las multiplicaciones también pueden escribirse en vertical.
Los términos de la multiplicación se llaman multiplicando, multiplicador y producto.

Coloca en vertical y calcula.

3×5 7×4 9×3 6×2

5×8 8×6 4×7 9×7

Escribe y realiza estas multiplicaciones:

Multiplicando: 4
Multiplicador: 8

Producto:

Multiplicando: 7
Multiplicador: 3

Producto:

Multiplicando: 6
Multiplicador: 9

Producto:

Problemas.

Simbad encontró 6 estrellas de mar.
Cada estrella tiene 5 puntas.
¿Cuántas puntas tienen entre todas las estrellas?

Tiene ____ puntas.

¿Cuántos puntos vale la flor entera?

La flor vale ____ puntos.

Aprende.

Llamamos costa a la tierra que está junto al mar.

Cuando la costa es baja y arenosa, se llama playa.

Cuando la costa es alta y rocosa, se llama acantilado.

En la costa hay muchos pueblos y ciudades. Son pueblos y ciudades costeros.

Algunos de sus habitantes se dedican a la pesca.

Observa y completa.

Costa baja o __________.

Costa alta o __________.

Está junto al mar.
Es un pueblo __________.

Está pescando en su barco.
Es un __________.

Escribe **sí** o **no**.

La tierra que está junto al mar es una montaña. → ______

El agua del mar es salada. → ______

El acantilado está lejos del mar. → ______

El mar baña la playa. → ______

Continúa el cuento.

El misterio de la botella

Un día, Simbad encontró en la playa una botella muy vieja.

La abrió y

Lee.

El fondo del mar

¿Conoces el mar? ¿Te gusta?

Desde el principio de los tiempos, el mar ha atraído a los hombres. Aprendieron rápidamente a navegar por su superficie, pero desconocían lo que había en las profundidades marinas. Pensaban que allí vivían seres monstruosos: serpientes gigantescas, ballenas con bocas grandes que podían tragarse barcos enteros, hermosas sirenas que embrujaban a los marineros...

Hoy, todo esto nos hace gracia porque sabemos que no es verdad. El fondo del mar es parecido a los paisajes que vemos a nuestro alrededor. Hay montañas y grandes llanuras. Sus paisajes son tan hermosos como los que nos rodean, pero más misteriosos por el silencio y la variedad y belleza de sus seres vivos.

La luz del sol ilumina solo los primeros trescientos metros de profundidad. En estas aguas, viven la mayoría de los seres que pueblan el mar. Pero el mar es mucho más profundo; tanto, que en el fondo reina una total oscuridad.

Colorea los animales que puedes encontrar en el mar.

Aprende.

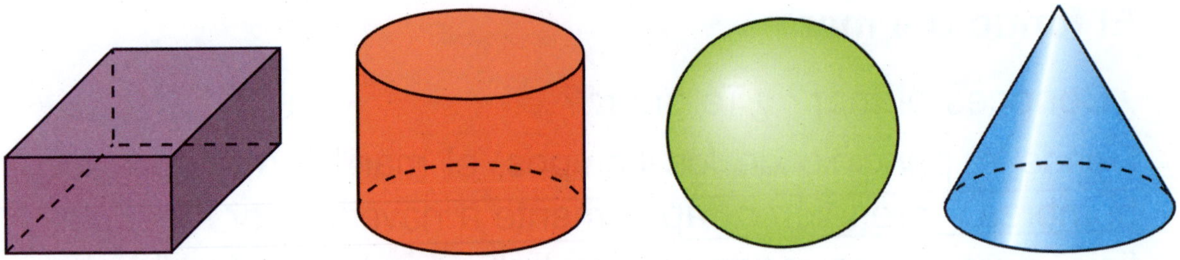

Todas estas figuras son cuerpos geométricos.

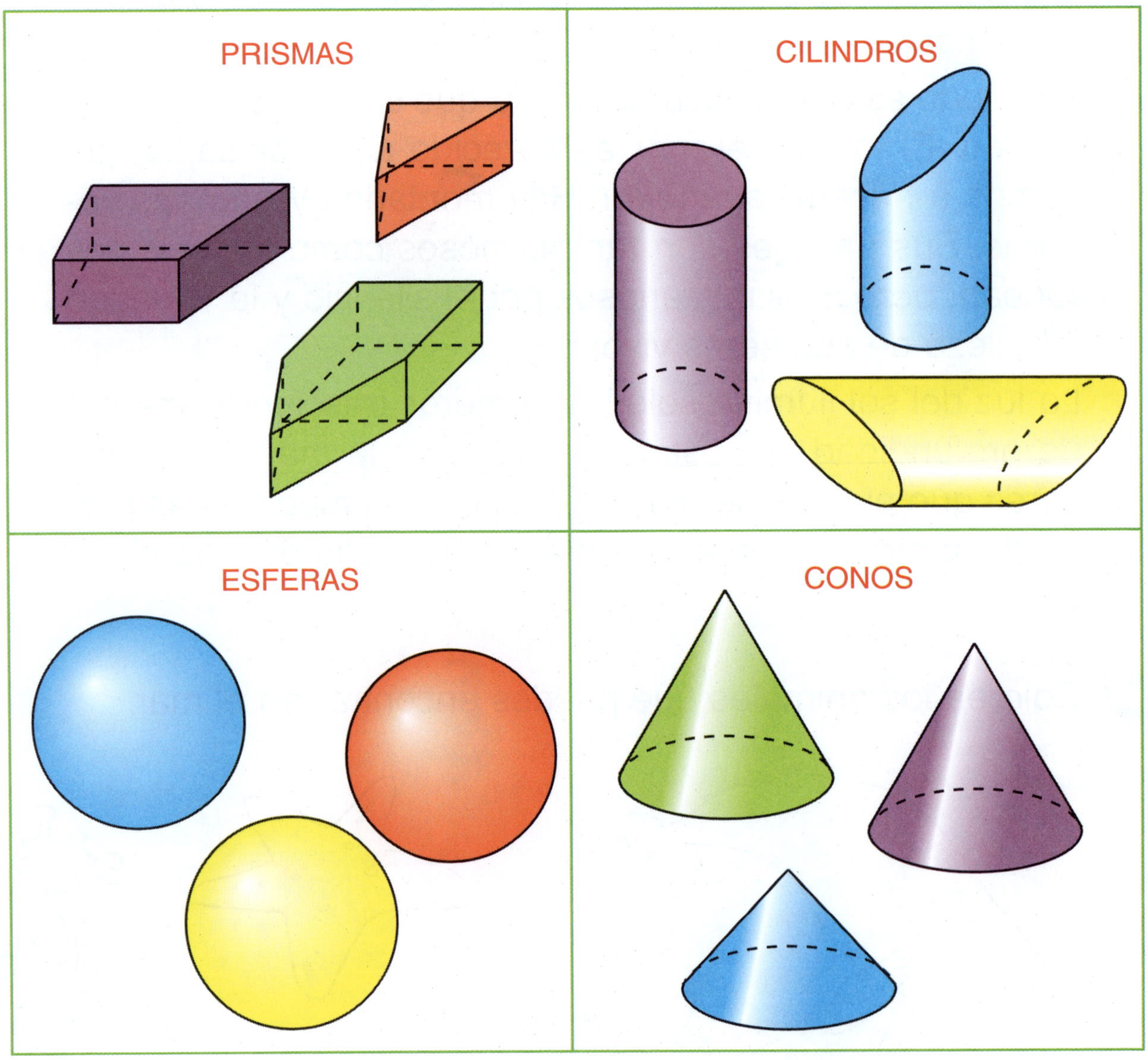

Colorea así:

Conos → (naranja) Prismas → (amarillo) Esferas → (azul)

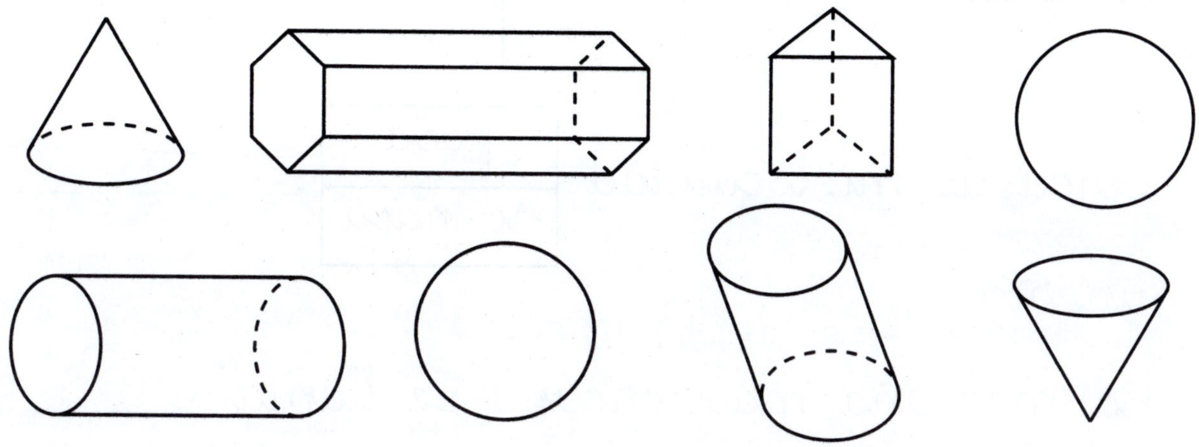

Dibuja objetos que se parezcan a:

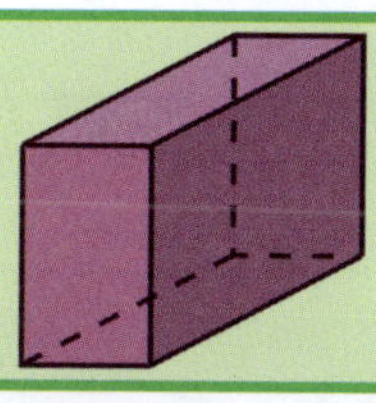	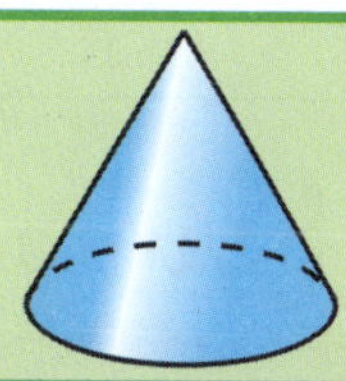	

Refuerza y recuerda

Elige y completa.

Mi localidad está | cerca / lejos | ____________ del mar.

Cerca de mi localidad | pasa / no pasa | ____________ un río.

La montaña más cercana se llama ____________

Completa las frases.

Un oso pardo ____________

Una amiga de mi hermana ____________

____

Dictado.

Coloca y realiza.

4 × 2   5 × 6   7 × 5   9 × 5

Dibuja.

PRISMA

ESFERA

CONO

CILINDRO

Cálculo mental.

7 + 2 = 9

700 + 200 = 900

400 + 300 =

300 + 400 =

600 + 200 =

200 + 700 =

6 El campo y el mar

Ponte en marcha

Une las palabras de la misma familia y tacha la que no tenga relación.

pesca pescado pescador pescadera pescozón

Colorea el interior de estas figuras y escribe su nombre:

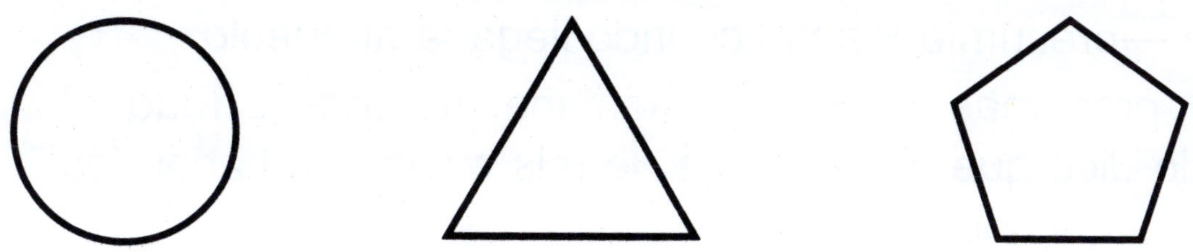

Relaciona.

Pincho y Tencho

Éranse una vez dos pastores que eran muy amigos desde pequeñitos. Se llamaban Pincho y Tencho. Pincho pensaba que él era más listo. Probablemente, solo era más cabezota; por eso, muchas veces se salía con la suya a pesar de no tener razón. Tencho, con tal de no discutir, cedía ante los caprichos de su amigo.

Cada uno cuidaba un rebaño de un centenar de ovejas. Los dos procuraban que comiesen en los mejores pastos para que estuviesen gordas y saludables. Por este motivo, discutían muy a menudo sobre quién llevaba sus ovejas a los mejores sitios del bosque.

—Mis ovejas dan la lana más blanca y la leche más cremosa —presumía Pincho cuando llegaba al pueblo.

—No presumas tanto —contestaba Tencho—. Todo el mundo dice que con la leche de mis ovejas se hacen los mejores quesos.

—Mañana volveré yo a la ladera del monte —dijo Pincho.

—Mañana me toca a mí ir a la ladera, porque hoy has estado tú —replicó su amigo.

—Mis ovejas no han terminado de comer su parte, así que volveré yo.

—Eres un abusón, Pincho. Te propongo un trato. Si resuelves este acertijo, vuelves tú a los pastos; y si pierdes, iremos un día tú y otro yo.

Como Pincho pensaba que él era el más listo de los dos, aceptó encantado.

—¿Qué tengo que adivinar?

—Dime cuántos pares de patas hay en mi rebaño.

Pincho pensaba y pensaba. Echaba cuentas con los dedos. Al cabo de un rato, exclamó:

—¡Ya lo sé, es muy sencillo! En tu rebaño hay doscientos pares de patas. ¿Has visto qué listo soy?

—Ni eres tan listo ni has acertado —dijo Tencho.

—¿Cómo que no? —insistió Pincho.

—Pues no —contestó su amigo—. En mi rebaño no hay ni uno, ni dos, ni doscientos pares de patas ni de patos. ¡Todos son pares de ovejas!

Pincho se quedó sin habla, y Tencho aprovechó la ocasión para decirle:

—A partir de ahora, compartiremos los mejores pastos. Como hoy has ido tú, mañana me toca a mí.

Y llegado este momento, aquí se acaba el cuento.

Contesta.

¿Desde cuándo se conocían Pincho y Tencho?

¿Por qué pensaba Pincho que era el más listo?

¿Qué acertijo le propuso Tencho a Pincho?

Pincho contestó que en el rebaño de Tencho había doscientos pares de patas. ¿A qué patas se refería?

¿Cuál de los dos amigos fue el más listo?

¿Por qué?

Dibuja a Tencho con una decena de ovejas.

Aprende y completa.

leña: leñador

caza: ____________

conducir: ____________

pintar: ____________

cocinar: cocinero

enfermo: ____________

carne: ____________

mar: ____________

Escribe otros nombres de profesiones que terminen en:

-or u -ora

____

____

____

-ero o -era

____

____

____

Forma estos números:

300 + 40 + 5 = ___

100 + 70 = ___

700 + 4 = ___

900 + 30 + 6 = ___

800 + 10 + 1 = ___

200 + 9 = ___

Completa las series.

452	455						473
386	391						421
504	501						483

Rodea el número que no corresponde.

86 57 79 34 9 62

¿Por qué? ___

604 356 801 703 106 902

¿Por qué? ___

Rodea en rojo el número que tiene más decenas y en azul el que tiene menos.

356 194 256 806 917	540 743 692 229 702	436 194 571 893 638

Observa y contesta.

359 ⟶ 953

¿Qué cifras han cambiado de valor? ☐ y ☐

¿En qué número vale más la cifra 3? ☐ ¿Y la cifra 9? ☐

Sigue los puntos del 985 al 605 contando hacia atrás de 20 en 20.

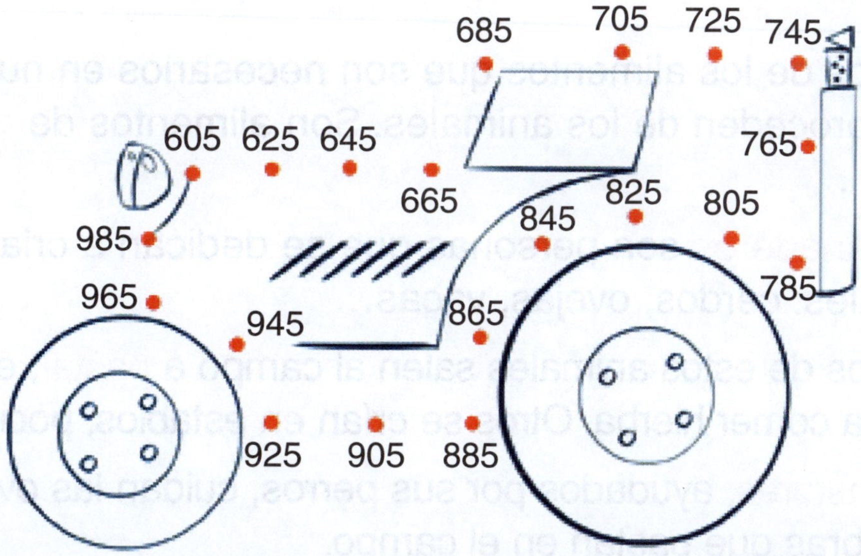

Aprende.

Muchos de los alimentos que son necesarios en nuestra dieta proceden de los animales. Son alimentos de origen animal.

Los ganaderos son personas que se dedican a criar animales: cerdos, ovejas, vacas…

Algunos de estos animales salen al campo a pastar, es decir, a comer hierba. Otros se crían en establos, pocilgas…

Los pastores, ayudados por sus perros, cuidan las ovejas y las cabras que pastan en el campo.

Imagina y escribe.

¿Qué serías si te dedicases a criar animales?

¿Qué animales te gustaría criar?

¿Por qué?

Escribe cómo lo harías:

Une cada animal con su casa.

Aprende.

pez

peces

Completa.

hoz → hoces

luz → ______

lombriz → ______

______ → perdices

______ → nueces

______ → raíces

Completa con **c** o **z**.

Pincho en_endió la lu_ de su habita_ión.

Se limpió los _apatos a la ve_ que cantaba una can_ión.

Tencho le preguntó si quería un poco de regali_.

Muchas ve_es _enan un guiso de perdi_ con _anahorias, y toman _umo de naranja y pastel de _ere_as.

Escribe palabras con:

r

rana

-r-

paraguas

-rr-

carro

Escribe una frase con cada pareja de palabras.

ratón - torre

churros - Ramón

Recita.

En la calle Carretas
había un perrito;
pasó un carro
y le pisó el rabito.
¡Pobre perrito,
cómo lloraba por su rabito!

Suma.

3 + 3 = ☐	5 + 6 = ☐	8 + 8 = ☐
3 + 4 = ☐	6 + 6 = ☐	8 + 9 = ☐
4 + 4 = ☐	6 + 7 = ☐	9 + 9 = ☐
4 + 5 = ☐	7 + 7 = ☐	9 + 10 = ☐
5 + 5 = ☐	7 + 8 = ☐	10 + 10 = ☐

Completa para que sumen:

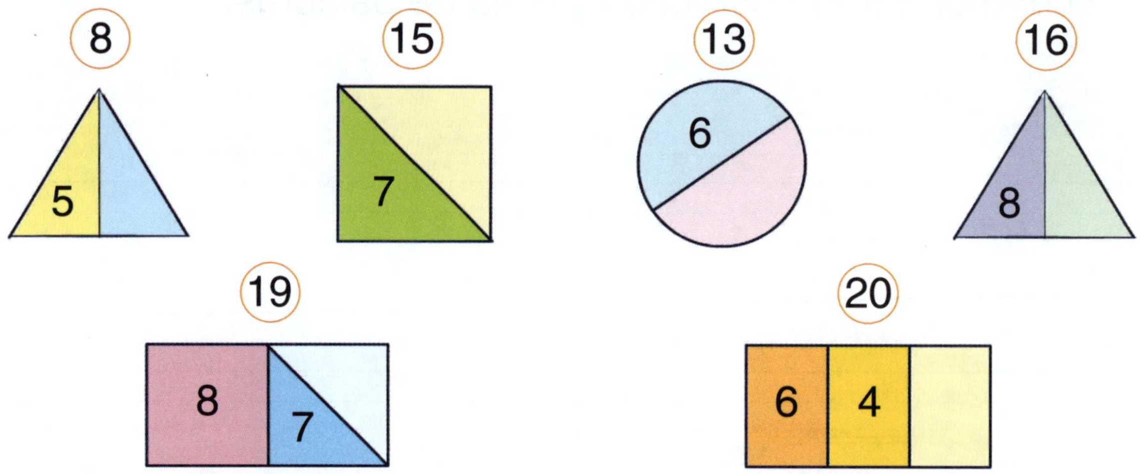

Contesta.

Si Paula tiene 18 caramelos y Pepe tiene 5 menos, ¿cuántos caramelos tiene Pepe?

Pepe tiene ☐ ______________.

Une las operaciones con su resultado.

11 – 6			14 – 9
13 – 8	8	7	18 – 10
10 – 4	6	5	16 – 8
13 – 5	5	8	15 – 8
12 – 6			12 – 5

Problema.

El periódico tiene 38 páginas.

Celia ya ha leído 15 páginas.

¿Cuántas le faltan por leer?

Le faltan ☐ páginas por leer.

Aprende.

Nos enteramos de lo que ocurre en el mundo a través de los **medios de comunicación**.

periódico

revista

El **periódico** y la **revista** informan con **noticias escritas** y **fotografías**.

radio

televisión

La radio transmite **noticias habladas**.

La televisión transmite **noticias habladas** e **imágenes**.

Señala si es correcto o incorrecto.

	C	I
Pongo la televisión a todo volumen	☐	☐
En televisión hacen programas buenos y malos	☐	☐
Solo veo los programas que me interesan	☐	☐
Es bueno ver la televisión todo el día	☐	☐
No me compro todo lo que anuncian	☐	☐

Contesta.

¿Qué programas de televisión te gustan más?

¿Por qué?

Escribe por orden de preferencia estos programas:

partidos - concursos - películas - noticias - dibujos animados

Refuerza y recuerda

Escribe.

Este indio se comunicaba con señales de humo porque no conocía otros medios.

¿Cómo te comunicas hoy?

Cambia la letra que está en color por:

erre fuerte		erre suave		dos erres	
boca →	roca	casa →		pelo →	
lata →		lobo →		como →	
pisa →		topo →		cose →	

Dictado.

Dictado de números.

Realiza.

35	57	69	22
+ 46	+ 28	+ 7	+ 69
87	95	77	40
− 34	− 45	− 6	− 30

Piensa y rodea la respuesta correcta.

Un cartero repartió 9 cartas por la mañana y 7 por la tarde.

¿Cuántas cartas repartió en el día?

18 16 20

Pepe tenía 13 sellos y usó 6.

¿Cuántos sellos le quedan?

8 19 7

Aprende.

saltar

comer

Las palabras saltar y comer nos dicen lo que hacen los niños.

Observa y escribe lo que hacen.

Celia lee

Pepe

Mercedes

Lee y canta.

Para escribir una carta

Una, dos y tres,
pluma, tintero y papel,
para escribir una carta
a mi querido Manuel.
En la carta le decía
recuerdos para Lucía
que está cogiendo sandías
en el jardín de Miguel.

Para jugar al cartero

Cuando venga el cartero,
¿qué carta traerá?
Traiga la que traiga,
se le recibirá;
—¿Quién es?
—Yo, el cartero.
—¿Hay carta?
—No, hasta luego.

Rodea el número:

menor	mayor	par	impar
48	15	35	66
84	35	49	28
57	25	67	80
95	31	92	44
			71

Escribe el número anterior y el posterior.

☐ ← treinta y nueve → ☐

☐ ← setenta y cuatro → ☐

☐ ← ochenta y uno → ☐

☐ ← noventa → ☐

Inventa un problema para esta operación:

9 + 7

Coloca y escribe el nombre.

53 - 90 - 74 - 7 - 86

D	U	
5	3	→ cincuenta y tres
		→
		→
		→
		→

Escribe estos números donde corresponda:

18 26 59 64 83
95 81 90 62

8 decenas	6 decenas	9 decenas

Ordena las frases y escribe el cuento.

☐ Desde entonces, los dos amigos se comunican con el ordenador.

☐ Mercedes lee un cuento sobre extraterrestres.

☐ Se hicieron amigos y el extraterrestre le invitó a visitar su planeta.

☐ Un extraterrestre de color amarillo salió del cuento.

Aprende.

El **día** tiene **24 horas**.

Para medir el tiempo, utilizamos el **reloj**.

El reloj tiene dos **agujas**.

La aguja corta señala las **horas**.

La aguja larga señala los **minutos**.

Completa.

La aguja corta está en las ____ .

La aguja larga está en las ____ .

Son las 5 en punto.

Son las ____ en punto.

Son las ____ en punto.

Son las ____ ____ .

Completa.

Son las 9 en punto. Son las 9 en punto.

Son las ______

______.

Son las ______

______.

Dibuja y escribe.

Son las 4 en punto.

Es la 1 en punto.

La hora a la que te acuestas.

La hora a la que te levantas.

Escribe donde corresponda.

noticia de España - noticia deportiva - anuncio

EL NOTICIERO UNIVERSAL

El Real Deportivo ha contratado a Pirulo el Ciempiés como delantero centro.

¡PIPAS DE GIRASOL, LAS MEJORES PARA LA TOS!

El científico español Pepón Díaz acaba de inventar un lápiz que hace los deberes solo.

Dibuja los anuncios.

CON LA BICICLETA PANCHETA LLEGARÁS ANTES A LA META.

LOS HELADOS FUEGOSAL EL CALOR TE QUITARÁN

Colorea así:

círculo:
circunferencia:

círculo:
circunferencia:

círculo:
circunferencia:

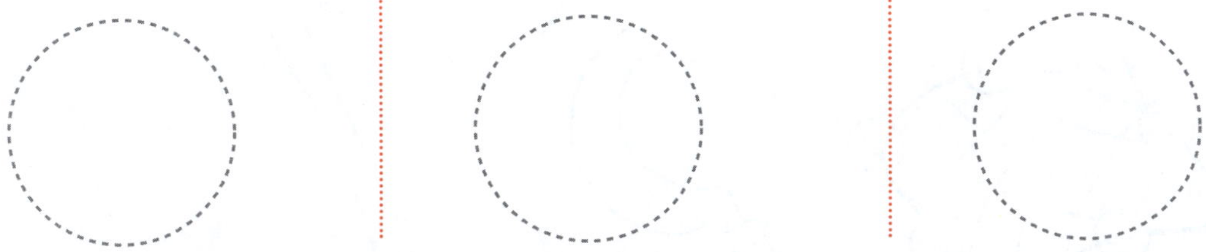

Une cada círculo con su circunferencia.

Colorea el trozo que le falta a cada círculo del color que corresponda.

Refuerza y recuerda

Colorea lo que utiliza el pescador.

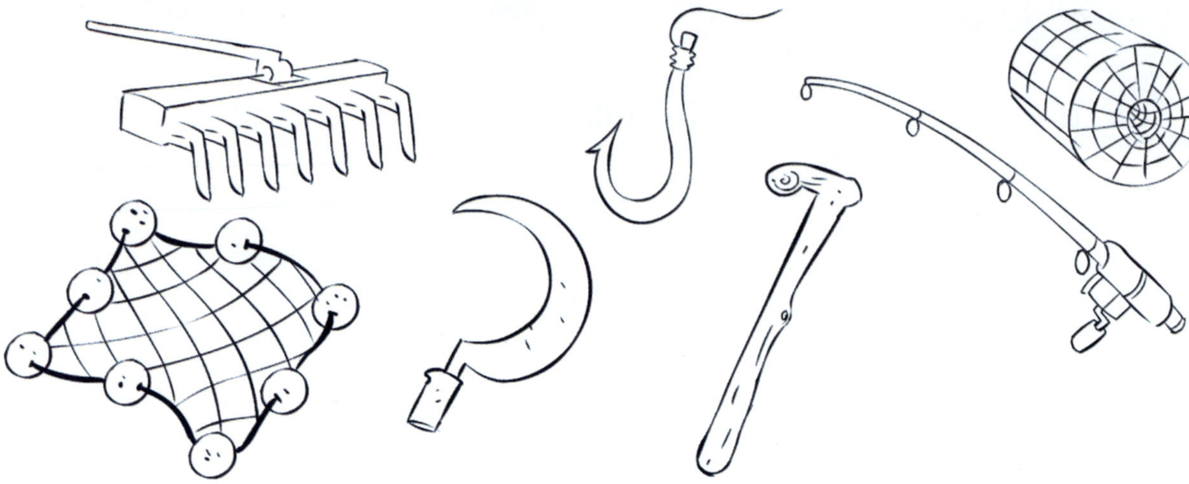

Escribe los signos **¿ ?** o **¡ !** cuando sea necesario.

___Cómo se llama tu perro___

___Tencho es amigo de Pincho___

___Qué rico es este queso___

___Cuántas ovejas tienes ___

Dictado.

Coloca y multiplica.

Multiplicando: 83
Multiplicador: 2

Producto:

Multiplicando: 91
Multiplicador: 6

Producto:

Multiplicando: 72
Multiplicador: 4

Producto:

Dibuja dos circunferencias azules y tres círculos rojos.

Cálculo mental.

4 + 3 = 7

4 9 5 + 3 0 0 = 7 9 5

526 + 400 =

324 + 500 =

617 + 200 =

196 + 600 =

7 Nuestra historia

Ponte en marcha

Escribe el nombre.

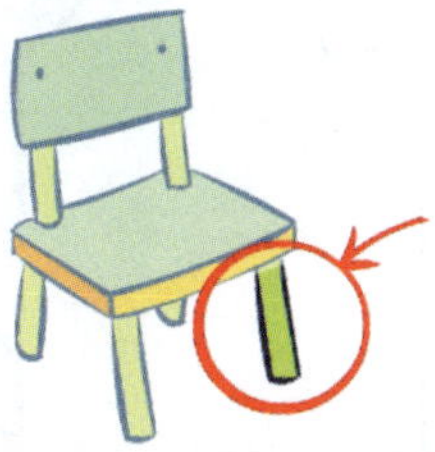

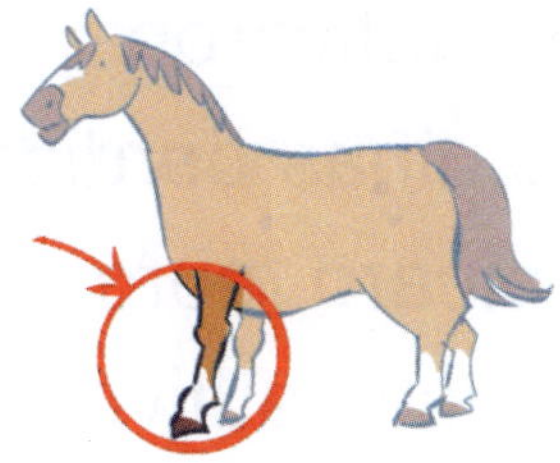

¿Significan lo mismo?

Reparte a cada niño el mismo número de caramelos.

Relaciona.

Las tres cautivas

En el campo moro,
entre las olivas,
allí cautivaron
tres niñas perdidas.
El pícaro moro
que las cautivó
a la reina mora
se las entregó.
—Toma, reina mora,
estas tres cautivas,
para que te valgan,
para que te sirvan.
—¿Cómo son sus nombres?
¿Cómo les decían?
—La mayor, Constanza,
la menor, Lucía,
y, a la más chiquita,
la llaman María.
Constanza amasaba,
Lucía cernía,
y la más chiquita,
agua les traía.
Un día en la fuente,
en la fuente fría,
con un pobre viejo,
se halló la más niña.
—¿Dónde vas, buen viejo,
camina, que camina?

Cautivar: hacer prisionero.
Cautiva: prisionera.
Cernía: limpiaba la harina.
Se halló: se encontró.

—Así voy buscando
a mis tres hijitas.
—¿Cómo son sus nombres?
¿Cómo les decían?
—La mayor, Constanza,
la menor, Lucía,
y la más pequeña,
se llama María.
—Usted es mi padre.
—¿Y tú eres mi hija?
—Yo voy a contarlo
a mis hermanitas.
—¿No sabes Constanza;
no sabes Lucía,
que he encontrado a padre
en la fuente fría?
Constanza lloraba,
lloraba Lucía,
y la más pequeña
de gozo reía.

Gozo: alegría.

Contesta.

¿Cuál es el título del romance? ______________________

¿Cómo se llaman las tres cautivas? ______________________

____

¿Qué les había ocurrido a las tres niñas? ______________________

____

¿A quién servían las tres cautivas? ______________________

¿Cómo termina el romance? ______________________

____

____

Cuando encontraron a su padre, Constanza y Lucía lloraban, ¿de alegría o de tristeza? ______________________

Dibuja el lugar donde María encontró a su padre.

Recuerda.

copa de beber

copa de árbol

sombrero de copa

Hay palabras que tienen más de un significado.

Dibuja dos significados de **vela**.

Escribe una frase con cada significado.

río

pico

Cuenta hacia atrás de 10 en 10.

991							
	901						841

Cuenta por centenas y escribe el nombre.

0	cero		
100			

Une los puntos desde el 730 al 890 contando de cinco en cinco.

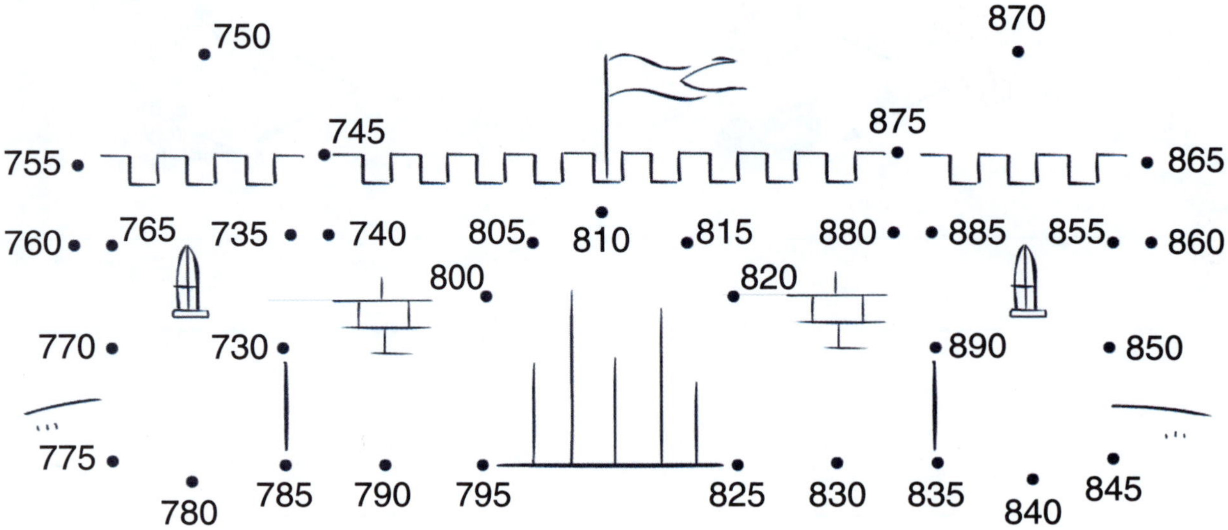

Ordena.

972 - 279 - 297 - 792 - 729 - 927

	>		>		>		>		>	

835 - 358 - 583 - 853 - 538 - 385

	<		<		<		<		<	

Rodea el número correcto.

Tiene 45 decenas.

Es mayor que 450.

La cifra de las unidades es 8.

485 584 458 451

Es menor que 632.

La cifra de las decenas es 9.

Es mayor que 590.

490 689 690 595

Completa las series.

4	5	4	5	4	
0	1	0	2	0	

1	1	2	2	3	
9	8	7	7	8	

Lee.

La vida de nuestros antepasados era muy distinta de la nuestra. Hace muchísimos años, las personas vivían en cuevas. Se alimentaban con los animales que cazaban y se vestían con sus pieles.

Más tarde, aprendieron a cultivar el campo y construyeron pequeñas aldeas. Después, viajaron a otros lugares para intercambiar los productos que tenía cada pueblo. Poco a poco, las personas fueron aprendiendo y mejorando su modo de vida.

Hoy, nuestra vida es más fácil gracias al esfuerzo y al trabajo de nuestros antepasados.

Escribe **antes** o **ahora.**

Recuerda y completa.

hombre

campana

Delante de p y b siempre se escribe ________

y nunca ene.

Escribe el nombre.

________ ________ ________

Completa con:

compañeros - bombones - campo - relámpagos - empezó

Ayer, mis ________ y yo fuimos de excursión al ________. Comimos bocadillos y ________. Cuando volvíamos a casa, ________ una tormenta con truenos y ________.

Termina estas frases:

Ayer fuimos ____________________

Hoy vamos ____________________

Mañana iremos ____________________

Completa con:

hace tiempo - ahora - en el futuro

____________________, los hombres viajaban en coches de caballos.

____________________ viajamos en aviones, trenes, coches y barcos.

____________________, viajaremos a Marte.

Imagina y dibuja un juguete del futuro.

Une los números para que den estos resultados:

75 (+)

40	55
35	60
20	40
25	35
15	50

30 (−)

75	50
65	60
90	25
55	35
80	45

Forma grupos de números que al sumar o restar den 50.

90 80 5 30 20 10 25

50 = 90 − 10 − 30

50 = ______

50 = ______

Completa la serie.

635 → + 30 → ○ → − 15 → ○ → + 25 → ○ → − 40 → ○ → + 65 → ○

↓ − 50

670 ← + 25 ← ○ ← − 50 ← ○ ← + 75 ← ○ ← − 60 ← ○ ← + 30 ← ○

Piensa y contesta.

Necesitas comprar:

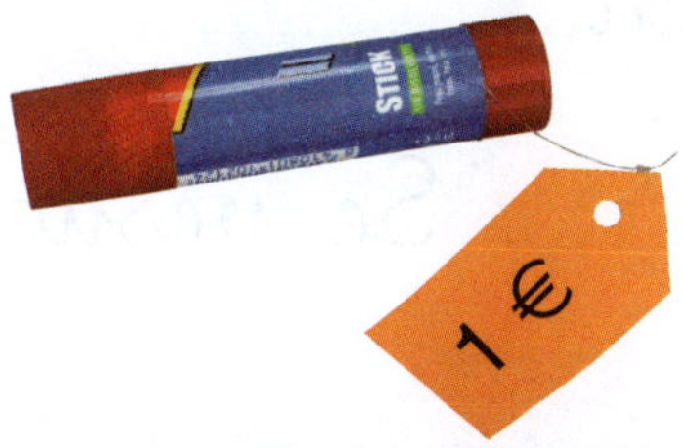

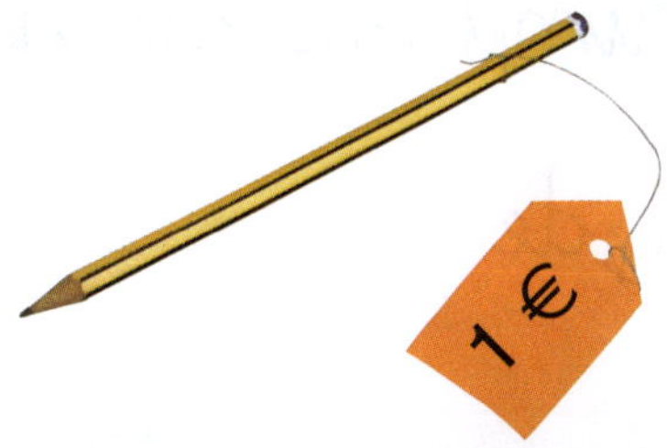

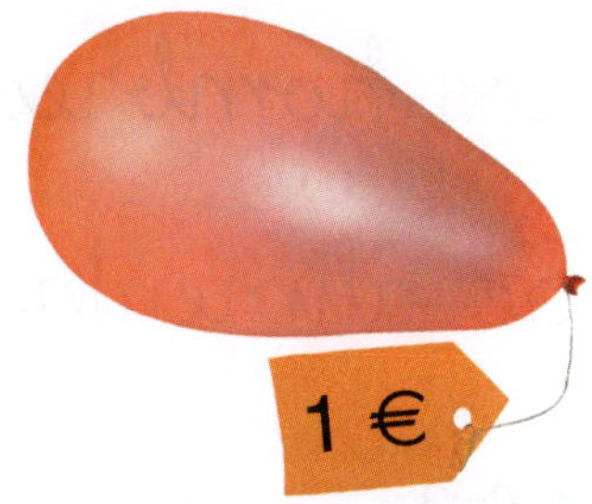

PARA LA CLASE DE MAÑANA	PARA LOS DEBERES DE HOY	PARA LA FIESTA DEL FIN DE SEMANA

Vas a la tienda, pero solo tienes 1 €.

¿Cuál de las tres cosas comprarías? ______________________

¿Por qué? ______________________

Problema.

Las tres cautivas contaban estrellas. Constanza contó 9 decenas. Su hermana María contó 5 decenas menos. ¿Cuántas estrellas contó María?

María contó ☐ estrellas.

Refuerza y recuerda

Completa.

Los hombres primitivos vivían en ______.

Se alimentaban de ______. Se vestían con ______.

Hoy, la vida es más fácil gracias al ______ ______.

Dibuja dos significados de cada palabra.

carta		hoja	

Dictado.

Dictado de números.

Escribe con signos matemáticos y calcula.

Ocho más siete menos cinco más cuatro menos diez es igual a:

Nueve menos cuatro más veinte menos quince más cuarenta es igual a:

Calcula.

387	265	503	613
+ 495	+ 318	− 418	− 184

Razona.

Álvaro tiene más canicas que Arancha. Arancha tiene más canicas que Rocío. Pero el que más canicas tiene es Manuel. ¿Cuál de todos tiene menos canicas?

Recuerda.

María traía agua de la fuente.

Subraya lo incorrecto y escribe las frases correctamente.

Lucía y María canta canciones.

Constanza jugaban al corro.

María cosen un pañuelo de seda.

Completa las frases.

Unos piratas

Pedro y Marta

Recita y contesta.

País de la Fantasía,
donde todo es ilusión,
donde los caballos vuelan
como nubes de algodón.
Personajes de mil cuentos
viven en su capital,
no hay fronteras y en su entrada
pone:
¡Solo hace falta soñar!
El Gato con Botas
cantaba feliz,
y Caperucita
quiere ser actriz.
La Bella Durmiente
sueña con bailar.
Pinocho ya dice
siempre la verdad.
El Patito Feo
un cisne será,
y la Cenicienta
ya no barre más.
Alicia siguiendo
al conejo está,
y un mundo de estrellas
sueña Peter Pan.

Carmen Martín Anguita

¿Qué cuento te ha gustado más de los que has leído en este curso?

Aprende.

Repartimos 6 flores entre 3 niñas.

Reparte y contesta.

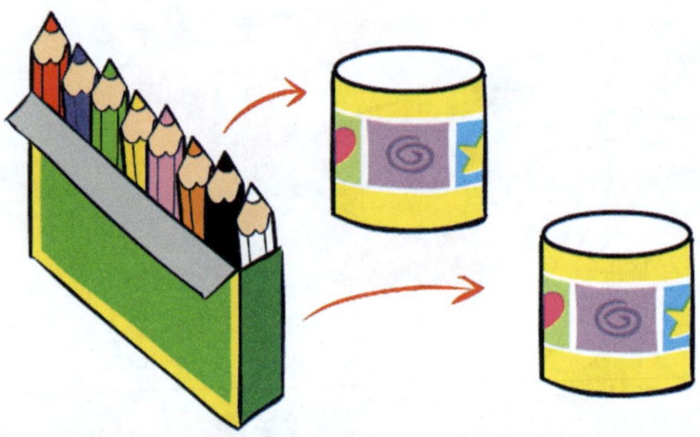

¿Sobra alguno? ______

¿Sobra alguno? ______

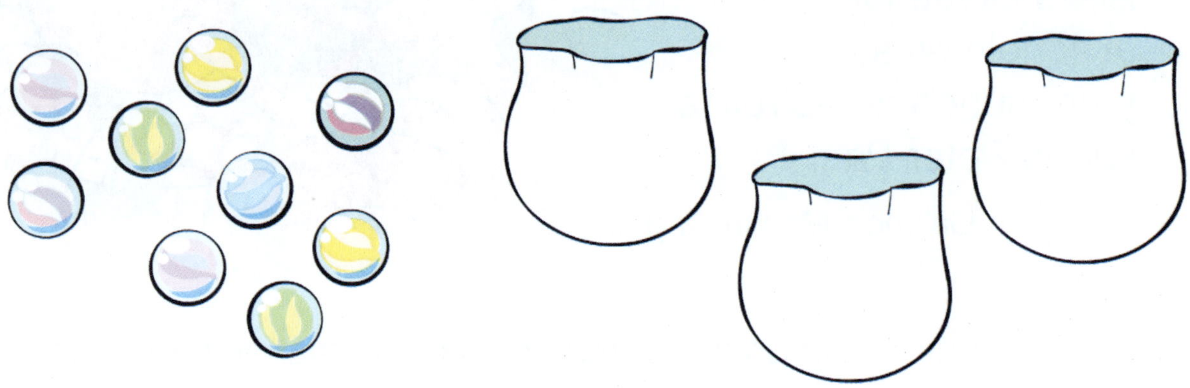

¿Sobra alguna? ______

Reparte y completa.

A cada niño le corresponden ☐ caramelos.

Sobra ☐ caramelo.

Piensa, contesta y dibuja.

Tienes 9 rotuladores y dos cajas.
Quieres meter el mismo número de rotuladores en cada caja.
¿Cuántos rotuladores tienes que meter en cada una?

Dibújalos. →

Hay que meter ☐ ______

¿Te ha sobrado algún rotulador? ______

¿Cuántos? ☐ ______

Aprende.

Hace más de dos mil años, llegaron a nuestro país los romanos. Les gustó tanto nuestra tierra que se quedaron a vivir aquí. Nos enseñaron su lengua y su cultura. Construyeron numerosos monumentos que todavía hoy se conservan.

Acueducto de Segovia.

Teatro de Mérida.

Más tarde, llegaron los árabes. También construyeron hermosos edificios, trajeron palabras nuevas y nos enseñaron los números, que tú estás aprendiendo.

Mezquita de Córdoba.

Alhambra de Granada.

Además de los romanos y de los árabes, otras muchas gentes vinieron a vivir a nuestras tierras.

Gracias a todos ellos, a su estudio y a su esfuerzo, hemos logrado que nuestra cultura sea muy rica y variada.

Colorea y relaciona.

romano

árabe

Aprende y dibuja qué palabras nos enseñaron.

Los romanos

can = perro

calzada = carretera

Los árabes

alfombra

alcancía = hucha

Escribe el romance inicial en forma de cuento y colorea.

Las tres niñas cautivas

Lee.

Desde los primeros tiempos, las personas se han esforzado por mejorar su forma de vida.

Con su estudio y trabajo han descubierto e inventado muchas cosas que hoy nos parecen normales y sin las cuales no sabríamos vivir.

hacer fuego

la rueda

cerámica y tejidos

la imprenta

la electricidad

las vacunas

el autogiro

la radio y la televisión

el ordenador

Localiza los datos y completa.

Rocío y Álvaro hacen una encuesta en el colegio.
Anotan los datos en esta tabla:

8	121	7	15	96	200	136	84	3
7	190	73	120	12	100	86	175	65
6	193	46	172	17	193	139	38	4
5	65	29	30	106	10	51	60	44
4	18	72	95	89	64	14	18	95
3	25	140	180	130	171	200	31	148
2	79	86	56	92	134	60	71	84
1	126	38	56	184	105	64	97	148
	A	B	C	D	E	F	G	H

Niños y niñas que saben algún romance: (E, 5) → 10

Niños y niñas que ven la televisión: (G, 7) → ☐

Niños y niñas que leen cuentos: (B, 3) → ☐

Niños y niñas que no leen cuentos: (F, 2) → ☐

Niños y niñas que hacen los deberes: (C, 7) → ☐

Niños y niñas que usan el ordenador: (H, 4) → ☐

Niños y niñas que hacen deporte: (A, 6) → ☐

Busca los objetos y los animales en la tabla y escribe.

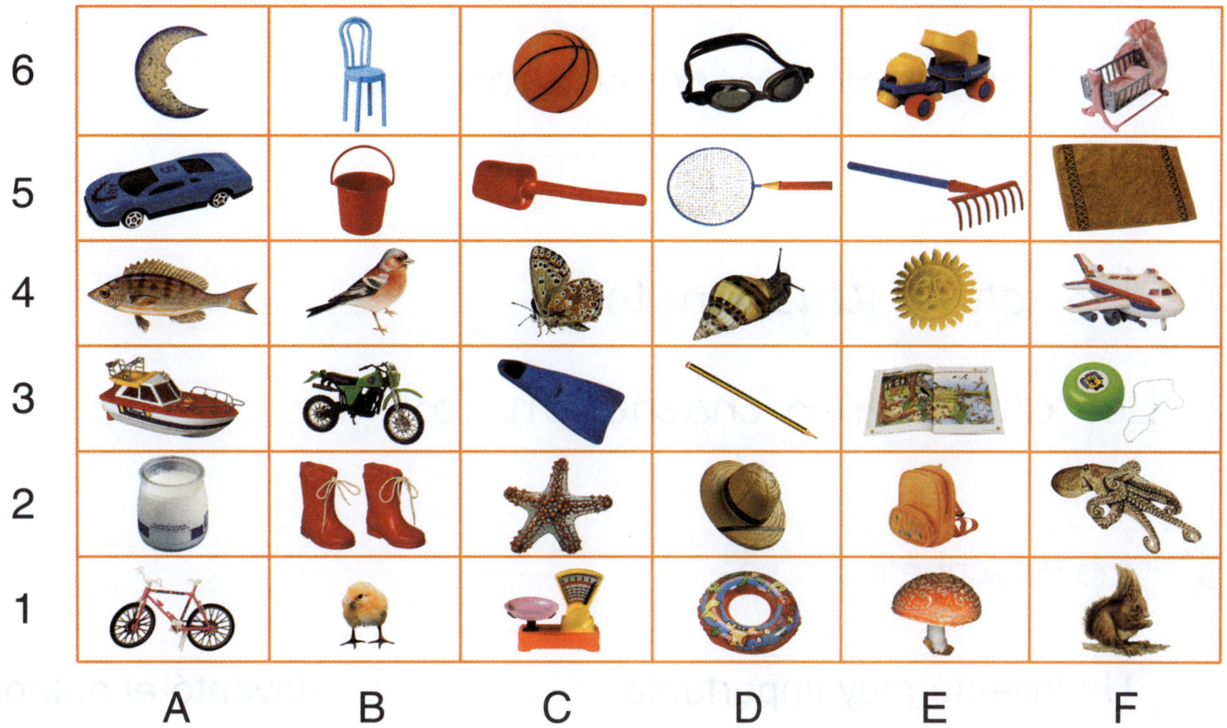

El  está en la casilla ☐

El  está ______________________ ☐

La  ______________________ ☐

Las  ______________________ ☐

El  ______________________ ☐

La  ______________________ ☐

El  ______________________ ☐

Refuerza y recuerda

Completa.

Los romanos nos enseñaron su ______________ y

su ______________.

Más tarde, llegaron los ______________.

Los árabes nos enseñaron los ______________.

Une y escribe las frases.

Un invento muy importante	inventó el autogiro.
Un español	fue la rueda.

Dictado.

Reparte los helados y une.

¿Cuántos helados le corresponden a cada uno?

☐ ________________ **¿Sobra algún helado?** ________

Colorea y reparte los pétalos.

En dos colores

En tres colores

Cálculo mental.

76 + 200 = 276	7 + 2 = 9 700 + 200 = 900	4 + 3 = 7 495 + 300 = 795

54 + 500 = ☐ **500 + 400 =** ☐ **537 + 300 =** ☐

78 + 600 = ☐ **700 + 200 =** ☐ **234 + 700 =** ☐

Anaya Educación desea expresar su agradecimiento a los siguientes profesores y profesoras de Primer Ciclo de Educación Primaria que, con sus opiniones y sugerencias, han contribuido a enriquecer nuestro método y a hacer de él un proyecto muy cercano al aula:

Mª Carmen Abad Brinquis
Rosa Abel González Fabre
Mª Blanca Aguerri Cihuelo
Mª Luisa Alonso Corrochano
Marian Alonso Fdez. de Garayalde
Carmen Mª Alonso Fernández
Amelia Alonso García
Liduina Álvarez García
Carmen Álvarez Llamazares
Juan José Amador Olmo
Mª José Arana Pérez
Mª Jesús Arbeloa Arbeloa
Adela Arce Portilla
Mercedes Arribas Martín
Angustias Arroyo Barba
Daniel Arteaga Manzano
Mª Jesús Arteche García
Mª Victoria Baena Alonso
Rocío Barragán Murillo
Mª Carmen Bear Higuera
Mª Pilar Belenguer Andrés
Emilia Blanco del Álamo
Daniel Bondía Gil
Mª Asunción Bravo Vicario
Domingo Caballero Barrón
Mª Cruz Calvo Fuente
María Calvo Rodrigo
Mª Ángeles Cámara
Antonio Carbonell Barberá
Elena Cardo Beneit
Elena Carmona Jiménez
Mª Elena Casariego Pola
Isabel Centeno Centeno
Ana Reyes Cuevas García
Avelino de Dios Martín
Federico del Prado del Prado
Concepción Delgado Noriega
Julia Díaz Benito
Pilar Díaz Paniagua
Francisca R. Domínguez Salcedo
Emérita Domínguez Sánchez
Laura Drake Moyano
Alicia Enecoiz Iriarte
Mª Isabel Escobar Cazorla
Mª Covadonga Espinosa González
Piedad Esteban de la Cruz
José Luis Fayos Álvarez
Manuel Fernández González
Mª Casilda Fernández Rodríguez
Luis Manuel Fernández Turradu
Mª Asunción Folgado Langueuin
Pilar Gª del Pino Ruiz de Luna
Inmaculada Gago Vargas
Anselmo Galán Becerra
Mª Concepción Gallegos Cañete
Covadonga García Abad
Julia García Bustamante
Luisa García Claver
Mercedes García del Saz
Josefina García Miranda
Gloria G. García Montero
Blanca García Moreno
María García Muñoz
Mª Carmen García Pérez
Beatriz García Sastre
Rosario Gil Aguilar
Mª Iluminada Gil Pérez
Mª Dolores Gómiz Pérez
Águeda González Cabello
Pilar González Clavero
Milagros González Martín
Lola Guerrero Ribes
Francisca Gutiérrez Muñoz
Mª Dolores Gutiérrez Regato
Francisco Hernández López
Ernesto Hernández Martínez
Inmaculada Hernández Rodríguez
Mª Asunción Herrero Abascal
Adolfo Hompanera Escanciano
Mª Carmen Jamar Jáuregui
Mª Carmen Jiménez Sánchez
Estefanía Lana Salinas
Mª Nieves López García
Miguel López González
Francisca López López
Susana López Mumpao
Auxiliadora López Ramos
José Mª López Sánchez
Araceli Llanes García
Francisca Madrid
Lupe March Soriano
Margarita Martín Marín
Mª Isabel Martínez Beruete
Aurora Martínez Ferreira
Eva Martínez González
Concepción Martínez Mayor
Margarita Martínez Trujeda
Mª Joaquina Mateo de Miguel
Cristóbal Medina Hontanilla
Marina Medina Pascual
Mª Carmen Mejías González
Mª Zoila Mena Regodón
Ignacio L. Monserrat Blasco
Mª Teresa Muñoz Flores
Mª Pascuala Nebrija Rosales
Ana Mª Niño Manso
Rosa Ana Ojeda Rendón
Laura Orriache Navarro
Mª Mar Parfonry Ramírez
Mª Isabel Pascual Ponce
Mª Teresa Pastor Andraiz
Mª Josefa Pavón Gómez
José Juan Peralta Leal
Gema Pérez Muñoz
José Pérez Sánchez
Raquel Pérez Serrano
Mª Luz Pons del Pino
Teo Porras Borrego
Ángela Prieto Pacho
María Ramos Villalta
Adelaida Reimóndez Gómez
Mª José Rodrigo Sierra
José Luis Rodríguez Cabrera
Miguel Rodríguez López
Amelia Rodríguez Martínez
Mª Teresa Rodríguez Pérez de Ayala
Ángel Jesús Rosal Aguilar
Mercedes Rubio Cantero
Mª Magdalena Rueda Blanco
Inmaculada Ruiz Benítez
Mª Reyes Ruiz García
Víctor Santiago Saiz Gallo
Teodora Salmón Mirones
Sandra Sánchez Casado
Mª Socorro Sánchez Jiménez
Dulce Mª Sánchez Ortega
Mª Carmen Sánchez-Corral Llorente
Mª Carmen Santamaría Ibeas
Eduvigis Servio Romero
Ángel Sesma Ballesta
Isabel Solana Pérez
Mª Virgilia Tapia Gallardo
Mª Emilia Tejera Rodríguez
Asunción Terrén Comín
Hortensia Torcal Caballero
Luisa Mª Torre San Emeterio
Mª Carmen Tortajada Sanchís
Mª Carmen Ulecia Casanovas
Mª Carmen Uribe-Echeverría Pozueta
Rocío Valdivia Gutiérrez
Susana Valverde Carnero
María Varas Hernández
Mª Carmen Vázquez Vázquez
Mª Rosa Vicente Comós
Mª Carmen Villegas Marañón
Carmen Zaragoza Torres
Rosa Zarzosa Cevallos